Feldhaus

Welle machen!

Relaxt wird an einem anderen Tag

Feldhaus

WELLE MACHEN!
Relaxt wird an einem anderen Tag

Roman

Ausführliche Informationen über
unsere Autorinnen und Autoren und ihre Bücher
finden Sie unter www.dtv.de

Von Hans-Jürgen Feldhaus sind außerdem bei dtv junior lieferbar:
Quinn & Spencer – Zwei Checker, kein Plan
Quinn & Spencer – Genial verzockt!
Echt abgefahren!
Echt krank!
Echt fertig!
Echt durchgeknallt!
Echt fett! – Zwei Katastrophen in einem Band
Echt am Limit! – Zwei Katastrophen in einem Band
Fünf auf Crashkurs
Kurve kriegen! – Roadtrip mit Wolf

Originalausgabe
© 2021 dtv Verlagsgesellschaft mbH & Co. KG, München
Umschlag- und Innengestaltung: Hans-Jürgen Feldhaus
Gesetzt aus der Le Monde Livre
Satz: Hans-Jürgen Feldhaus
Druck und Bindung: CPI books GmbH, Leck
Printed in Germany · ISBN 978-3-423-74068-5

Was wäre das Leben,
hätten wir nicht den Mut,
etwas zu riskieren?

Vincent van Gogh

1

Joshua Bauer taucht ein in das monotone Rauschen und konzentriert sich voll auf die gigantische Welle, die von hinten auf ihn zurollt. Flach liegt er auf seinem Board und schaufelt sich mit den Armen in die ideale Linie. Sein ganzer Körper – eine Sprungfeder. Dann ist er da: der perfekte Moment. Joshua schnellt hoch, gleitet mit seinem Board geschmeidig auf der Welle, *in* die Welle, hinein in den türkisfarbenen Tunnel aus Licht und Wasser und ...

... dann fragte sein Vater ihn: »Josh, wie sieht's aus? Musst du vielleicht mal aufs Klo?«

Splash! – war der Traum zerplatzt. Joshua Bauer öffnete die Augen und glotzte endbegeistert auf die öde, brettflache Landschaft, die mit sagenhaften 105 Stundenkilometern an ihm vorüberzog. – Norditalien, Po-Ebene. Was blieb, war das Rauschen. Vom Fahrtwind eben und von all den anderen Geräuschen, die so ein *Volvo V70* macht, der mindestens so alt war wie Joshua selbst. Also 15. *Mindestens* 15 Jahre, wahrscheinlich älter.

Jedenfalls – Joshuas Vater hat gefragt, ob der aufs Klo müsste, Josh sagt nix, aber seine Mutter dann: »Mein Gott, Peter, nun lass ihn doch. Der wird sich schon melden, wenn er muss. Nicht wahr, Joshi?«

Darauf hat der *Joshi* aber auch nur mit verdrehten Augen geantwortet, was jedoch nur Peter Bauer im Fahrerrückspiegel sehen konnte, und …

… an dieser Stelle sollte ich dir vielleicht mal kurz erklären, warum Joshua Bauer ausgerechnet auf der Fahrt in den Urlaub so eine enorm gute Laune versprühte, weil blickt man ja sonst auch gar nicht durch: Wenn es nämlich nach Joshua Bauer gegangen wäre, wäre der erst gar nicht in den elterlichen *Volvo V70* eingestiegen, sondern ganz klar nach Portugal geflogen. Zusammen mit seinen Freunden Fabian, José und Leo. Zum Atlantik runter. Surfen.
Es ging aber nun mal so was von gar nicht nach Joshua Bauer. Und da nutzte auch kein peinliches Betteln und entwürdigendes Jammern. Seine Eltern haben ihm den Surfurlaub nicht erlaubt. Und ihre Argumente waren hart und gut: Erstens zu jung und zweitens mittellos! Joshua durfte mit fünfzehn schlicht und ergreifend nicht ohne eine erwachsene Begleitperson verreisen. Warum seine Kumpels dann durften, unklar. Irgendwie hatten die sich bei ihren Eltern wohl cleverer angestellt als der *kleine Joshi* bei seinen. – Shit! Und noch mal Shit, weil Argument *Numero due* war nicht wegzudiskutieren: Joshua war pleite! Der Witz war, dass sein ganzes Erspartes für Surfbrett, Neoprenanzug und Kram draufgegangen ist. Was weiß ich: Trillerpfeife, Gummischuhe, Schwimmflügel oder so was. Hab ja keine Ahnung von der Materie. – Fakt ist: Joshua hatte praktisch gesehen die Rechnung ohne seine Wirte gemacht.

Der Surfurlaub fiel *ins Wasser* und da ist Joshua eben doch in den *Volvo V70* gestiegen. Mangels vernünftiger Alternativen. Klar, er hätte natürlich auch zu Hause in Bielefeld bleiben können. Seine ältere Schwester war ja noch da. Sarah. Amtlich volljährig. Die bereitete sich gerade auf ihr Studium vor, das irgendwann im Spätsommer beginnen würde. Grafikdesign. Was ganz interessant ist, aber ...

... hier jetzt mal so gar keine Rolle spielt. Rolle spielt, dass Joshuas Eltern ihn gefragt haben, ob er denn dann mit nach Italien wolle, und da hat er aus Mitleid *Ja* gesagt, weil er dachte, dass seine Eltern ohne ihren *kleinen Joshi* vielleicht todunglücklich wären. Und da kann ich dir aber verraten, dass *Klein-Joshi* total danebenlag, weil Peter und Barbara Bauer hätten es schon echt schick gefunden, wenn sie den Urlaub mal wieder allein hätten verbringen können. Nach zwanzig langen Jahren! *Ohne Kinder!* Dass sie Joshua gefragt hatten, war ebenfalls ...

... *pures Mitleid*, dachte Peter Bauer bitter, als er im Rückspiegel seinen Sohn die Augen verdrehen sah.

Nicht, dass du mich falsch verstehst: Es ist nicht so, dass Peter und Barbara Bauer ihren Sohn *nicht* lieben würden. Aber da hat man sich in letzter Zeit – wie soll ich das am besten formulieren? – ein klein wenig auseinandergelebt. Joshua voll in der Pubertät und die Eltern ... auch irgendwie. Nur, dass bei denen mit Anfang fünfzig nix Interessantes mehr dabei herumkam. Die wurden jetzt einfach mal alt und ... Punkt! Und nur mal so für den Fall, dass du Eltern im selben Entwicklungsstadium hast, hier meine Empfehlung: Nicht! Drauf! Ansprechen! – Gern geschehen. Nicht dafür!

Wo war ich stehen geblieben? – Richtig: Urlaub! Die Bauers also mit ihrem Volvo V70 auf dem Weg zur italienischen Küste ans Mittelmeer. Genauer*: Cinque Terre.* Und falls dir das nichts sagt: Das ist ein Küstenstreifen rund 100 Kilometer südöstlich von Genua.

Wirklich nett da ... *eigentlich!* Aber dazu später mehr! *Viel mehr!!!* Peter Bauer peitschte den guten alten Volvo auf sportliche 120 Stundenkilometer hoch, Barbara Bauer neben ihm blätterte wieder vorfreudig in der Geo Special über Italien und Joshua auf der Rückbank glotzte auf die Po-Ebene, wo es nichts zu sehen gab.

Dann, anderthalb Stunden weiter: Küste bei Genua erreicht.

»Oh, schau doch mal, Josh. Das Meer!«, informierte seine Mutter ihn glücklich. Und tatsächlich: Von dem Autobahnabschnitt, der in irren Kurven nach Genua führte, konnte man nun ein Stück Mittelmeer sehen.

»... ... ... mhm«, antwortete Joshua halb abwesend, weil er gleichzeitig eine Message von Fabian lesen musste, die der ihm gerade aus Portugal geschickt hatte. Mit Selfie. Er mit José und Leo im Vordergrund. Dahinter: Atlantik. Mit sehr, sehr hohen Wellen.

Oh, Jo! Es ist sehr groß hier! Du verpasst alles!, hatte Fabian unwahrscheinlich lustig darunter getextet und Jo, also Joshua eben, kommentierte in Gedanken*: Arsch!* ... und schrieb seinem Freund dann auch genau das.

»In fünf Kilometern kommt wieder eine Raststätte. Also, falls ihr jetzt wollt, können wir da mal rauffahren«, bot Peter Bauer wieder an und Barbara winkte ab: »Von mir aus können wir durchfahren. Es sei denn, du möchtest noch was, Josh.«

»... ... ... hm?«, fragte der zeitversetzt nach.

Nun rollte Peter Bauer genervt mit den Augen, was diesmal wiederum nur seine Frau mitbekam.

*... natürlich kriegt der nichts mit! Wie er schon sehr lange nichts mehr mitbekommt, dieser, dieser, dieser ... **Sohn!**,* dachte Peter, und da wollte er sich und seiner Frau aber nicht die schöne Urlaubsstimmung vermiesen und fragte nach hinten noch mal betont freundlich: »Joshua! *Sohn!* Willst du nun vielleicht auf die Raststätte? Essen? Trinken? Vielleicht *jetzt* aufs Töpfchen? Klein, groß? – *Kicher.*«

Joshua blickte müde von seinem Handy zum Fahrerrückspiegel auf, schaute in das kichernde Gesicht von Peter Bauer und dachte: *Innerlich, Vater! Innerlich schmeiß ich mich weg vor Lachen.* ... und antwortete aber immerhin kurz und knapp: »Muss nicht.«

Und weil der Peter nur für Barbara hörbar einmal schwer genervt durchatmete, hakte die jetzt doch auch noch mal bei Joshua nach: »Wir sind immerhin noch gut zwei Stunden unterwegs. Möchtest du wirklich nichts?«

Und da, genau in diesem Moment, kannte Peter Bauer schon die Antwort seines Sohnes. Er hörte sie förmlich in seinem seinem Kopf, bevor Joshua sie überhaupt formuliert hatte und die Schallwellen sein Trommelfell erreichten und ...

»Alles gut. Passt schon!«, war exakt Joshuas Antwort, die Peter Bauer prophezeit hatte.

Und interessant jetzt wieder, was der eine denkt und der andere hört: Joshua selbst dachte sich nämlich nichts großartig bei seiner Standardfloskel. Für ihn war es einfach nur die Kurzform von: *Danke der Nachfrage. Ich bin rundum zufrieden! Die Anfahrtszeit von rund zwei Stunden nehme ich gern in Kauf.*

Peter Bauer aber hörte auch diesmal nur heraus: *Hört auf, mich zu nerven, ihr Penner, und quatscht mich gefälligst nicht weiter zu!*

… was Peter und auch Barbara Bauer dann auch taten … also, ihren Sohn nicht weiter *zuquatschen*. Praktisch gesehen sagte jetzt niemand mehr was …

… was Joshua sehr entgegenkam.

2

Cinque Terre! Ich kann kein Italienisch. Das mal gleich vorweg. Aber wenn ich es jetzt richtig auf dem Schirm habe, heißt *Cinque Terre* wörtlich übersetzt *Fünf Länder*. Was mir persönlich nicht so richtig einleuchtet, weil gemeint sind ja eigentlich die fünf Dörfer, die sich auf die gut zwölf Kilometer Küstenstreifen aneinanderreihen. Verdammt malerisch auch. Als hätte sie ein sehr, sehr großes Kleinkind einfach so da hingewürfelt, und – mit allem, was der Pelikan-Malkasten so hergibt – echt bunt angemalt. Wirklich richtig schön da und romantisch.

Und exakt dieses Gefühl hatten Peter und Barbara Bauer auch, als sie das erste Mal vor zwanzig Jahren da waren – *Romantik pur!* Mit einem klapprigen Ford Transit waren sie damals angereist. Sehr abenteuerlich, sage ich dir. Weil mit so

einem kantigen Wohnklotz über die extrem kurvige und enge Straße durch die steil abfallenden Hänge hinunter bis ans Meer war schon sehr sportlich. Und dann hatten sie es aber erreicht, das erste der fünf Dörfer: Monterosso. Ein Geheimtipp von Freunden. Sie fuhren mit dem Transit direkt bis an den menschenleeren Strand und blieben auch zum Campieren direkt dort stehen. Das war einfach so möglich. Niemanden störte das. Schon gar nicht die freundlichen, entspannten Dorfbewohner von Monterosso.

Und da kannst du dir vorstellen, wie sehr sich Peter und Barbara nun drauf gefreut haben, nach so langer Zeit dort wieder anzukommen ...

... und wie groß der Schock für beide war, wenn ich dir nun erzähle, dass Monterosso und die komplette Cinque Terre in den letzten zwanzig Jahren zu einer überlaufenen Touristenattraktion mutiert ist. Von Geheimtipp keine Rede mehr. Die Strandpromenade – knallvoll mit Menschen aus aller Welt. Der lange Strand darunter zugepflockt mit Sonnenschirmen und mit rosa Fleisch belegten Plastikliegen. Das Ganze eingekeilt von zusammengebretterten Strandbars.

»Ach – du – Scheiße!«, stöhnte Barbara Bauer. Und Peter Bauer, der mit dem Volvo V70 im Schritttempo in die Strandpromenade einbog, entfleuchte ein »Fuck!«.

»Sprache, Vater, Sprache!«, ermahnte Joshua ihn mit feiner Spitze von hinten und der wiederrum drehte sich zu Barbara und tat ganz überrascht: »Hast du das gehört, Schatz? Es kann sprechen.«

17

Das ignorierte Barbara aber und meinte mit Handy in der Hand: »Ich glaube, wir sind falsch. Die Ferienwohnung ist mehr links nach der Karte hier.«

»Westlich«, korrigierte Peter sie wichtig, bremste vollständig ab, ließ sich das Handy geben und fingerte sich nun selbst durch die Karten-App.

»Ah, ja klar. Wir müssen zurück und …«, schlussfolgerte er kurz darauf unvollständig, weil jemand an die Scheibe der Fahrertür klopfte. – *La Polizia!*

»Was will der denn?«, fragte Peter noch doof, weil …

… du musst eins wissen: Auch in Italien darfst du dich nicht mit einem Handy am Steuer erwischen lassen. Das kostet! Ganze 160 Euro! Und noch irgendwas um 80 Euro drauf, wenn du mit dem Auto in einer Fußgängerzone herumgurkst. Denn nichts anderes war die Strandpromenade, in der sich die Bauers nun befanden. Das hatte Peter bei dem Trubel wohl übersehen.

Peter also, *sehr* doof, fragt: *Was will der denn?* Der Polizist macht ihm freundlich, aber bestimmt in gebrochenem Englisch klar, was ich dir grad auch schon alles erklärt habe, und dann halt noch: »Tuhanndrett änd fooortty Ä-uro. Immediatamente!«

»What?«, fragte Peter überrascht nach.

»Zweihundertundvierz...«, übersetzt Joshua von hinten gelangweilt und Peter genervt: »Ja, das habe ich verstanden. Ich bin ja nicht blöd. Frage ist, wofür, zum Teufel? Ich werde das nämlich auf gar keinen Fall zahlen ...«

... und bevor Peter die Englischbrocken zusammenhatte, genau diesen Entschluss dem Dorfsheriff mitzuteilen, hatte Barbara schon längst die 240 Euro aus der Reisekasse gezückt und diese an Peter vorbei durch das Fahrerfenster gereicht.

Der Polizist nahm das Geld, stellte noch eine Quittung aus, riss sie vom Block und Peter hielt schwer genervt die offene Hand hin. Doch der Signore Cool wackelte betont lässig um den Volvo herum und überreichte die Quittung Barbara durch das offene Beifahrerfenster. Dann gab er ihr noch betont charmant die Anweisung, dass *ihr Fahrer* umdrehen und langsam zurückfahren solle. Dann verschwand er, wie er aufgetaucht war, im Touristenstrom.

»Dies ist der Beginn einer wunderbaren Freundschaft«, zitierte Joshua auf seiner Rückbank für Peter extrem originell den Schauspieler Humphrey Bogart aus dem Filmklassiker *Casablanca*, der in etwa genau das in der letzten Szene zu einem Offizier sagt, mit dem er sich top versteht.

Das war natürlich Ironie, und Peter Bauer hätte sich bestimmt auch in die Hose gemacht vor lauter Vergnügen, wenn er zu diesem Zeitpunkt schon gewusst hätte, *wie* groß der Ärger sein würde, den er mit dem Dorfsheriff noch haben würde.

Wenig später haben die Bauers dann aber auch endlich ihre Ferienwohnung gefunden. Und das war dann schon mal ein kleiner Trost, denn der kleine Bungalowanbau von dem Haupthaus der Vermieterin mit dem Garten drum herum war schlicht, aber auch so schön typisch italienisch – sehr einladend. Also für Peter und Barbara Bauer war er das, für Joshua eher nicht, weil …

»… ich hab kein eigenes Zimmer?!«, stellte er fest.

»Ähm … nein, anscheinend nicht. Aber ist doch kein Problem, oder? Das ist deine Schlafcouch hier … glaube ich«, erklärte Barbara ihrem Sohnemann etwas verlegen, weil sie es war, die die Drei-Personen-Ferienwohnung bei *Booking.com* gefunden und gleich festgemacht hatte. Allerdings der Fehler im Detail: »Es ist eine Schlafcouch in der Küche!«, stellte Joshua nämlich noch mal fest.

»Es ist eine Schlafcouch in einer *Wohn*küche. Unterschied!«, behauptete sein Vater dreist und zeigte zum Beweis auf den Teppichläufer vor der Schlafcouch, der auf den kalten Fliesen lag. Und auf die zwei sehr wild dahingekleckerten Gemälde, die über Eck dort hingen, machte er Joshua auch aufmerksam.

»Ja und?«, hakte Joshua nach.

»Ja und *was*?«, fragte sein Vater zurück.

»Ja und *was willst du mir damit beweisen?*«

»Dass dieser Raum deutlich eingeteilt ist in Küche – siehe dort: Küchenzeile, Küchenstühle, Küchentisch – und sieh hier …«

»… ein Eckchen für Haustiere!«, beendete Joshua die mordsdämlichen Ausführungen seines Vaters. Und weil er selber wirklich nicht mehr den geringsten Bock auf elende Diskussionen hatte, warf er zum Zeichen dafür, dass dieses Gespräch beendet war, seinen Reiserucksack demonstrativ lässig auf die Schlafstelle.

Was Peter schon sehr wurmte, denn *er* hatte Gespräche mit dem Sohn zu beenden. Oder Barbara natürlich auch. Die *Eltern* eben. Aber nicht der Sohn selbst. Das war neu und es fühlte sich irgendwie falsch an.

»Na ja, egal. Wenn du rausmusst, kratzt du einfach an die Schlafzimmertür ... Schnuffi!«, witzelte er noch etwas müde.

»Männer! Wie sieht es denn mit Abendessen aus?«, wechselte Barbara dann auch geschickt das Thema und Peter, immer noch voll im Witze-Flow: »Wollen wir zum *Italiener*?«

3

Und dann gingen die Bauers einfach mal *italienisch* essen. So gegen halbsieben-sieben war das. Ich weiß nicht mehr genau. Was ich weiß, dass es abends allgemein etwas ruhiger wird in Monterosso ... und auch in den vier weiteren Dörfern. Was damit zu tun hat, dass die ganzen Tagestouristen mit der Bahn zurück nach La Spezia müssen. Das ist die nächst größere Hafenstadt, 15 Kilometer weiter runter. Und da gehen die meisten dieser Touris auch wieder an Bord der riesigen Kreuzfahrtschiffe, aus denen sie morgens – bildlich gesprochen – herausgespült worden sind. Morgens wird der komplette Küstenstreifen mit Touristen geflutet und abends werden sie wieder zurück in die Schiffe gepumpt. Viele Chinesen und haufenweise junge Leute aus Amerika.

Und um das auch gleich mal klarzustellen: Es geht hier so was von gar nicht um Nationalitäten, gegen die ich etwas haben könnte. Habe ich nicht! Ganz klar *Nein!* Es geht um einen Haufen Kreuzfahrttouris aus aller Welt, die den Eindruck machen, dass man das alles nur für sie dahin gestellt hätte. Die komplette Cinque Terre – praktisch gesehen ein *Walt-Disney-Park* ohne Micky Maus, aber mit lebensechten Ureinwohnern und ...

... erzählen wollte ich eigentlich nur, dass die Bauers essen gegangen sind. Italienisch. Natürlich. In einem sehr netten, kleinen Straßenrestaurant mittendrin in Monterosso. Die Tische auf der Terrasse zur Straße hin standen eng beieinander, aber das störte die Bauers nicht ... noch nicht!

Peter und Barbara hatten Rotwein geordert, Joshua trank, wie fast immer, nur Mineralwasser. Und dann servierte die Kellnerin auch endlich das Essen. *Misto di pesce* für Joshua und für seine Eltern *penne all'arrabbiata*.

»Die zornigen Nudeln!«, übersetzte Joshuas Vater das Nudelgericht irrsinnig komisch. Was er aber wirklich jedes verdammte Mal tat, wo auch immer er auf diesem Planeten dieses Gericht auf einer Speisekarte irgendeines Restaurants entdeckte.

Mutter und Sohn schmunzelten auch dieses Mal höflich, dann aber schnappte Joshua sich auch Messer und Gabel, um über sein eigenes Essen herzufallen. *Misto di pesce* – gemischter Fisch also. Neben den Pommes frites und Grünzeug ein Gericht aus Sardellen, Garnelen, einem größeren Fisch – was weiß ich: Zander oder Dorsch – und zu guter Letzt einem Tintenfisch rechts oben in der Ecke. Von Joshua aus betrachtet. Und warum ich dir das überhaupt so elendig detailliert beschreibe, hat mit der jungen Lady zu tun, die mit zwei Jungs direkt am Nachbartisch saß: Mathilda zusammen mit Hauke und einem waschechten Italiener aus dem Ort. Gabriele, sein Name. Klingt etwas irritierend, aber ich versichere dir: In Italien geht das amtlich als Männername durch. Genauso wie Andrea oder Simone. Kein Scheiß! ... anderes Thema wieder.

Thema hier: *Misto di pesce!* Joshua schnappt sich also Messer und Gabel, fällt hungrig wie ein Killerwal über seine Fischplatte her und da wird er auch schon direkt von der Seite angequatscht ...

»Mörder!«

Weshalb Joshua und auch seine Eltern natürlich irritiert zu Mathilda rübergeguckt haben und Joshua fragte: »Was?«

»Ich sagte, Mörder!«, hat Mathilda da wiederholt, deutlich und sehr selbstbewusst. So ganz anders ihr Tischnachbar Hauke Petersen. Der kräftige Junge aus Norddeutschland neigte seinen Kopf schräg nach unten und schirmte sein Gesicht peinlich berührt mit der rechten Hand ab. Nur Gabriele strahlte voll fröhlich-freundlich zu den Bauers rüber, weil der anscheinend nur sehr wenig Deutsch verstand und vielleicht auch nicht peilte, was Mathilda soeben zu Josh gesagt hatte.

Und dem wiederum fiel jetzt mal so gerade gar nichts ein, was er dieser bescheuerten Kuh entgegnen sollte, aber da antwortete seine Mutter auch schon entspannt für ihn: »Okay, junge Frau. Mein Sohn ist vieles, aber kein Mörder.«

Und diese Mathilda direkt so oberlehrerhaft zurück: »Und was ist das da auf seinem Teller, hm?«

»Das sind Fische! Aber ich garantiere dir, die waren schon tot, als Joshua sie serviert bekommen hat«, sprang nun Peter Bauer für Joshua ein, der sich aktuell über sich am meisten ärgerte, weil ihm solche Sachen nie spontan einfallen.

Aber die Kampf-Lady legt natürlich direkt nach: »Sie wurden für ihn getötet!«

»Ach, Mathilda, lass doch gut sein«, nuschelte Hauke sie nun doch von der Seite an. Gabriele lächelte weiterhin höflich in die Runde.

Und während Joshua noch nach eigenen Worten suchte, die er dieser nervigen Kuh um die Ohren hauen konnte, parierte sein Vater für ihn: »Ergo ist mein Sohn Joshua nicht der Mörder.«

Und da sah man richtig, dass Mathilda sich etwas überrumpelt fühlte, weil eigentlich war sie es ja, die mit mordsdämlichen Argumenten auftrumpfte.

Mathilda zog sich also geschlagen zurück, Peter und Barbara Bauer genossen ihre Nudeln, Joshua schnitt dem Tintenfisch zufrieden ein Ärmchen ab, führte es mit der Gabel zum Mund und ...

... Mathilda stach dann doch noch mal von der Seite hinterher: »Wusstest du, dass Tintenfische sehr intelligente Meerestiere sind?«

Joshua holte Luft, setzte zur Gegenantwort an, die ihm aber nicht einfiel, und da antwortete sein Vater schon für ihn: »Dieser hier anscheinend nicht intelligent genug, sonst wäre er ja wohl kaum auf Joshuas Teller gelandet.«

Chapeau! Das saß. Mathilda starrte Herrn Bauer an. Mit größter Verachtung, aber absolut sprachlos. Gabriele lächelte weiterhin freundlich in die Runde und ... Hauke? Der biss sich auf die Lippe und riss sich auch sonst stark zusammen, um nicht schallend loszulachen.

Wenig später haben Mathilda und ihre Jungs dann auch gezahlt und machten sich zum Aufbruch bereit. Hauke und auch Gabriele wünschten den Bauers noch einen schönen Abend und ...

... Mathilda auch irgendwie, aber natürlich nicht ohne einen extra verachtenden Blick für Joshua, der nun das achte und somit letzte Saugnapfärmchen vom Tintenfisch aufgabelte und zum Mund bewegte.

»Tintenfische haben sogar Lieblingsarme! Wusstest du das ... Joshi?«, haute sie dann doch noch mal eine Moralkeule der Extraklasse heraus.

Und da aber, ohne großartig nachzudenken, konterte Joshi diesmal selbst: »Ich auch, Mathi! Bei ihm ist es dieser hier!«

Sagte es, zeigte für Mathilda auf den abgetrennten Tintenfischarm auf seiner Gabel und steckte ihn gleich drauf demonstrativ genüsslich in den Mund.

Mathilda bebte vor Wut, Hauke verzog Böses ahnend sein Gesicht, Gabriele lächelte nach wie vor in die Runde und ...

... dann warf Mathilda aber einfach nur den Kopf in den Nacken und schritt davon ... und ihre Jungs folgten ihr.

Alle Bauers schauten der erzürnten Lady hinterher, und nachdem sie und auch die Jungs in der nächsten Gasse verschwunden waren, witzelte sein Vater nun: »Mein Sohn, dies ist der Beginn einer wunderbaren Freundschaft!«

Barbara prustete ins Weinglas und Joshua selbst lachte kurz und irre auf.

Aber was soll ich sagen: Diesmal passte der Casablanca-Spruch vom guten alten Humphrey. Es war der Beginn einer wunderbaren Freundschaft.

4

Wobei auch beim zweiten Zufallsdate am nächsten Tag von wunderbarer Freundschaft nicht wirklich die Rede sein konnte. Was aber ganz klar daran lag, dass Joshuas Laune eh im Keller war. Der komplette Tag bis zur Kollision mit Mathilda Frey lief für ihn irgendwie unrund, weil ...

... um 6:30 Uhr war Joshua wach. Nicht freiwillig, auch klar! Joshua war Langschläfer ... gewesen! Absolutes Plusquamperfekt hier. Wäre er zu Hause geblieben, hätte er sehr wahrscheinlich erst so gegen elf ein Augenlid halb aufgerollt, nur um es dann wieder entspannt herunterzufahren.

... 6:30 Uhr! Joshua war knallwach! Und schuld daran war sein eigener Vater. Peter Bauer war schlaftechnisch gesehen das absolute Gegenteil von seinem Sohn. Was vielleicht am großen Altersunterschied lag. Joshua, 15 – Peter, voll der gnadenlose Zahlendreher jetzt, 51. Noch 51. Sein Geburtstag drohte mit Nähe. Jedenfalls: Peter war eigentlich schon um 6:00 Uhr wach und dann ist er eine halbe Stunde später eben aufgestanden und in die Küche geschlurft. Kaffee kochen, Müsli machen, Radio hören. Und das alles in Joshuas Schlafzimmer. In der Wohnküche eben, in der er nun mal übernachten musste. Joshua also richtig wach, stand dann auch auf und dann saß er kurze Zeit später mit seinem Vater am kleinen Küchentisch. Frühstück im Morgengrauen.

»Was ist mit Mama? Soll ich die wecken?«, fragte Joshua.

»Ach, nein. Lass die mal ruhig schlafen. Ist ja auch Urlaub.« Und weil Joshua seinen Vater nach dieser Antwort nur absolut verständnislos anglotzte, fragte der noch mal nach: »Was ist?«

»Ach, nichts, Vater, nichts ist«, antwortete Joshua müde.

Später, als dann auch Madame Bauer wohlausgeruht die drei Stufen vom elterlichen Schlafgemach in die Wohnküche heruntergewandelt kam, entschieden sich die Bauers zunächst, zum Strand hinunterzugehen. Nichts Hektisches also. In aller Ruhe ankommen. Und worauf sich Joshua dann wirklich freute, war das Meer. Klar, das Mittelmeer war nicht der Atlantik, aber etwas Wellengang würde ja auch schon reichen, um mit seinem mitgebrachten Surfbrett ganz entspannt darüber herzufloaten oder wie man so unter Surfprofis sagt.

Insgesamt gesehen waren alle Bauers also in entspannter Urlaubslaune, als sie zum Strand kamen, und da ...

... wurden sie am Eingang von so einem Strandwart ausgebremst, weil der zehn Euro Tagesgebühr für einen der Sonnenschirme haben wollte.

»Is this ... ähm ... an order? I mean: What, if we say no to all?«, schusterte Peter Bauer sich da was zusammen, was seine alte Englischlehrerin dazu genötigt hätte, vom Balkon des Altersheims ins Universum zu brüllen: »WHY?«

»What?«, fragte der Strandmann einigermaßen irritiert nach, und da drückte Barbara ihm auch schon die zehn Euro für den Schirm in die Hand. Peter sagte nichts mehr, schüttelte aber wenigstens noch einmal demonstrativ genervt den Kopf.

Barbara und Peter suchten sich dann erst mal einen strategisch günstig gelegenen Sonnenschirm aus und stellten fest, dass unter jedem der Dinger jeweils nur zwei Strandliegen standen. Aber Joshua war's eh egal. Der sprang mit seinem Board Richtung Wasser und ...

... blieb exakt am Rand des Mittelmeeres stehen, was einfach exakt deshalb möglich war, weil es sich einfach nicht bewegte, das Mittelmeer. Spiegelglatt war's.

»Ich glaube, der ist ein bisschen doof«, hörte er links neben sich einen Jungen zu einem Mädchen sagen. Beide so um die acht.

»Ein bisschen sehr doof«, präzisierte das Mädchen.

Joshua stutzte und fragte: »Redet ihr über mich?«

»Nein, über den Osterhasen, du Vollpfosten«, antwortete der Junge keck, das Mädchen unterdrückte ihr Lachen mit so einem Knarzgeräusch.

»Sehr witzig!«, stöhnte er. Dann drehte er sich halb zum Gehen um und da meinte das Mädchen zu ihm: »Das ist das falsche Meer hier. Du müsstest mit dem Brett zum Atlantik laufen. Portugal. Da kann man prima Wellen reiten.«

Da lachte nun auch Joshua leicht crazy auf und sagte: »Hatte ich vor, du oberschlaues Ding!«

»Sag nicht Ding zu Lea-Sophie«, ermahnte der Junge Joshua.

Und Joshua etwas überrascht: »Sorry, war ja nicht böse gemeint.«

»Ding hat so was Abwertendes, Entwürdigendes, Verachtendes – weißt du?!«, belehrte ihn das Mädchen Lea-Sophie.

Und Joshua noch überraschter: »Sag mal, woher weißt du solche Wörter?«

»Gute Erziehung? Allgemeinbildung?«, fragte Lea-Sophie nicht wirklich zurück.

»Unsere Eltern sind nämlich Lehrer am Max-Punk-Gymnasium in Göttingen«, klärte der Junge stolz auf.

»Planck! Der Mann heißt Max Planck, nicht Punk«, korrigierte Joshua den Kurzen und dann konnte er es sich einfach nicht verkneifen und schob hinterher: »... du kleiner Klugscheißer!«

Und exakt in diesem Moment stand eine Frau hinter Joshua und sprach die beiden Kinder an: »Lea-Sophie, Carl Maria? Ist alles in Ordnung hier?«

»Der Junge hat Klugscheißer zu mir gesagt«, petzte der Kleine namens Carl Maria.

»Das habe ich gehört, Schatz«, hat die Frau bestätigt und mit kritischen Blicken scannte sie Joshua von Kopf bis Fuß ab.

»Ich ...«, sagte Joshua leicht verdattert, weil das Letzte, was er jetzt gebrauchen konnte, war, Stress mit einer Gymnasiallehrerin zu kriegen. Denn das war seiner Einschätzung nach ganz klar die Mutter der beiden Wunderkinder. Und was soll ich sagen? Joshua lag goldrichtig mit seiner Einschätzung.

»Und mich hat er Ding genannt, Mutti!«, informierte nicht ganz vollständig die kleine Lea-Sophie ihre Mutter.

»Das ist so nicht ganz korrekt. Außerdem habe ich mich entschuldigt!«, kam Joshua in diese Art von ungutem Rechtfertigungsmodus.

»Kinder, wir gehen jetzt ein paar Meter da lang und dann vergessen wir den jungen Mann ganz einfach, okay?!«, schlug die Frau ihrem Nachwuchs vor, und bevor Joshua noch irgendwas zu seiner Verteidigung sagen konnte, sind alle drei weiter und haben ihn da ganz einfach stehen lassen ... den Vollpfosten am spiegelglatten Mittelmeer mit Surfbrett unterm Arm.

Und was ja mal ganz interessant ist, wie unterschiedlich Perspektiven so sein können. Während nämlich Joshua Bauer nun an diesem Strand stand und darüber nachdachte, wie endbescheuert sinnfrei er das alles fand, kam Peter Bauer zufälligerweise gerade sozusagen ins selbe Bild hineingelaufen und dachte heiter: Strand, Himmel, Sonne, Meer – Italien, ich liebe dich!

Und in gerade dieser überstrahlt blendenden Urlaubslaune rief er fröhlich zu seinem Sohn hinüber: »Salute, Joshi. Ist dir das Wasser zu kalt? Hö, hö!«

Sohn Joshi drehte sich zu Peter um, guckte ihn, wie in letzter Zeit häufiger, einfach nur müde an und brummelte:

»Quatsch. Kein Wellengang.« Dann schlurfte er mit seinem Surfbrett unter dem Arm einfach an Peter vorbei Richtung Sonnenschirme.

»Das ist jetzt nicht dein Ernst, oder?!? Jetzt gehst du gar nicht ins Wasser, nur wegen ein paar fehlender Wellen? Komm schon!«, drängte Peter ihn und hüpfte in seiner ein klein wenig zu engen, orange-blau karierten Badehose mit drei, vier Sätzen ins Mittelmeer, das nicht ganz so warm war, wie es von außen aussah.

»Nä, lass mal. Keine Lust. Später vielleicht«, nuschelte Joshua.

»Fünf Euro, wer zuerst am Boot dahinten ist«, versuchte Peter jetzt auf spielerische Art und Weise, seinen Sohn ins Wasser zu locken. Auch wenn er sich ziemlich sicher war, dass Joshua um Längen verlieren würde. Peter fühlte sich trotz seiner 51 Jahre fit. Drei Jahre war es nun her, dass er mit dem Rauchen aufgehört hatte. Und seit einem halben Jahr besuchte er relativ regelmäßig ein schweineteures Fitnessstudio. Okay, da hatte er sich schneller größere Erfolge erhofft. Aber egal! Peter machte regelmäßig Sport und er fühlte sich topfit!

»Bis zu dem Boot?«, fragte Joshua und zeigte auf den rostroten Kahn, der gut 200 Meter entfernt vor Anker lag.

»Bis zu dem Boot! Fünf Euro! Du oder ich!«, wiederholte Peter.

»Du wirst verlieren!«, behauptete Joshua überheblich.

»Wir werden sehen!«, meinte Peter aber nur, und damit hatte er ihn. Joshua legte sein Board in den Sand und kam zu ihm ins Wasser.

»Ich gebe dir Vorsprung!«, bot Peter gönnerhaft an. Worauf Joshua aber nur abschätzig lächelte und seine Hand über die Schulter warf, was meinte, dass er von seinem Vater nichts geschenkt haben wollte.

»Auf drei!«, sagte er nur, brachte sich neben Peter in Position und der zählte bis drei und ...

... es war erschütternd! Nach rund 30 Metern der zurückgelegten Strecke war schon klar, wer hier um Längen gewinnen würde: Joshua! Souverän kraulte er in fließenden Bewegungen seinem Vater davon, während der schon nach rund 20 Metern deutlich den ersten Leistungseinbruch spürte. Die rund 200 Meter Distanz zum Boot kamen ihm auf einmal vor wie herausgezoomte 1000 Meter. Ein winziger rostroter Klecks im verdammten Mittelmeer. Nach weiteren 50 Metern, die Peter japsend zurückgelegt hatte, lag Joshua mit gut 100 Metern klar vorn. Nur ein verdammtes Wunder hätte Peter noch helfen können und ...

… oh Wunder dann: Nach ungefähr 170 sportlich zurückgelegten Metern kraulte Joshua elegant in eine Feuerqualle hinein. Voll mit der rechten Schulter – zack – hinein in die Qualle! Und für den Fall, dass du selbst noch nie das Vergnügen hattest, mit einer Feuerqualle körperlich zu werden: Es ist – wie soll ich sagen – überraschend! Es ist schmerzvoll! Es ist absurd! Du bist im Wasser und sehr plötzlich hast du den starken Eindruck, als würdest du brennen. Als würde dir dieses unbegreiflich seltsame Tier direkt einen Flammenwerfer auf die Haut halten. Feuerqualle. Ein Name, ein Programm.

Joshua wurde also deutlich von einem Wunder der Natur ausgebremst und Peter machte Meter. Bis er seinen Sohn sogar überholte und schließlich als Erster am rostroten Kahn ankam. Japsend, pfeifend, vollkommen am Ende, aber als Gewinner.

Dass Joshua zurück zum Strand schwamm und nicht einmal versuchte, das Ziel zu erreichen, fand Peter schon ziemlich unsportlich. Aber egal, er war Gewinner und um 5 Euro reicher. Die würde er seinem Sohnemann später abknöpfen. Aus Prinzip schon … dachte Peter alles zu dem Zeitpunkt, denn er kannte halt noch nicht die ganze Geschichte.

»Ja, Herrgott, woher sollte ich das denn mit der Qualle wissen?! Er ist ja direkt umgedreht und abgehauen, ohne einen Ton zu sagen«, musste Peter sich dann auch direkt vor seiner Frau rechtfertigen, nachdem er selber zurück zum Strand geschwommen war. Da war Joshua schon auf dem Weg zur Apotheke, Brandsalbe besorgen.

»Du hättest ihn fragen können?«, hatte Barbara gemeint und Peter zurück: »Dann hätte er Alles-gut-passt-schon geantwortet?«

»Was du nicht wissen kannst?«

»Aber ahnen?«

»Idiot?«

»Wer jetzt?«

»Du jetzt!«, zog Barbara einen Schlussstrich unter dieses Gespräch.

»Pf«, machte Peter, sagte dann aber mal besser nichts mehr, haute sich neben sie auf die Liege und schaute noch mal auf das Meer zu dem roten Kahn rüber, dessen Entfernung zum Strand jetzt wieder sehr viel näher wirkte als eben bei diesem peinlichen Wettkampf.

5

»Fuck!«, fluchte Joshua nun zum geschätzten 124. Mal an diesem Tag, als er die Ferienwohnung wieder verließ. Seine Schulter brannte immer noch ekelhaft, wenn auch nicht mehr ganz so heftig, seitdem er die Brandsalbe vorsichtig draufgeschmiert hatte. Seine Mutter hatte ihm dafür 10 Euro mitgegeben, den Rest durfte er behalten. Was der Witz des Tages war, weil der Rest waren so ziemlich genau 5 Euro, die sein Vater ihm ganz klar geschuldet hätte, wenn ihm …

… die verfickte Arschlochqualle nicht in die Quere gekommen wäre, dachte Joshua ungefiltert.

Das ist nicht fein, dass Joshua so über die wundersamen Geschöpfe der Natur dachte, aber immerhin kannst du dir so ein ziemlich deutliches Bild davon machen, wie schlecht seine Laune war, als er nun Richtung Dorfkern schlurfte. Vorbei am Strand und einmal durch den Fußgängertunnel, der kurioserweise durch einen mächtig großen Fels zum Marktplatz von Monterosso führte.

Auf Strand hatte er nun wirklich keine Lust mehr, außerdem hatte er Hunger. Und so trieb er nun mit dem Touristenstrom durch die Gassen von diesem kleinen Fischerdorf, kaufte sich an einem Imbissstand ein Stück Pizza vom Blech und verzog sich damit in eine etwas weniger belebte, kühlere Ecke und setzte sich auf den Mauersims der alten Dorfkirche. Und während er so dasaß und aß, ließ er seine Blicke über die Touristen schweifen, die an ihm vorüberwalzten. Laut quakende Amerikaner, fette Deutsche, blässliche Chinesen mit bescheuerten Sonnenschirmchen auf dem Kopf und ...

... da blieb Joshuas Blick an einem Mann hängen, der auf der gegenüberliegenden Seite der Passage saß. Auf einem Plastikstuhl in der prallen Mittagssonne. Mit weißem Gewand, einem weißen Kopftuch und weiß geschminktem Gesicht. Ein Clown, der Luftballontiere verkaufte. Du weißt schon: diese Plastikwürste zum Zusammenknoten, aus denen dann Pudel, Dackel oder Elefanten werden.

Arschclown!, dachte Joshua, weil, wenn er eins nicht leiden konnte, dann waren es Clowns. Was irgendwie bei den Bauers in der Familie lag, aber da komme ich später noch mal drauf zurück. Joshua konnte Clowns einfach nicht ausstehen. Die waren ihm immer schon zu albern, zu trottlig ... zu viel gewollte Doofheit in einer Person. Ein Typ, der im wahren Leben sehr wahrscheinlich weniger lustig war, als er mit Kostüm und Schminke vorgab zu sein. Die Steigerung waren nur noch weiße Clowns. Die konnte Joshua noch weniger leiden als die bunten Clowns mit rotem Tischtennisball in der Fresse. Die Weißen taten immer so, als wären sie irgendwie schlauer und besser als der Rest der verstrahlten Bande ...

... die amtlichen Rassisten unter den Clowns, so sieht's aus!

Und während Joshua noch darüber nachsann, ob er irgendeinen negativen Punkt in Sachen Mother-Fucking-Clownwelt vergessen haben könnte, schaute der weiße Clown hoch – vielleicht, weil er sich beobachtet fühlte – und ihre Blicke trafen sich. Das war Joshua total unangenehm, aber bevor er wegschauen konnte, hob der Clown seine Mundwinkel zu einem Lächeln an. Und was Joshua echt fertigmachte, war, dass er in dem Moment wusste, dass es echt war, das Lächeln. Echt und unendlich traurig. Schnell fixierte er wieder seine Salamipizza auf dem Pappteller in seiner Hand. Und aus purer Neugier wanderte sein Blick kurz darauf erneut zu dem weißen Clown hoch, der selbst wieder versunken dasaß und aus Luftballonwürsten Pudel, Dackel, Elefanten zusammendrehte und -quetschte – Tiere, die keiner wollte.

Der Arsch bin ich!, urteilte Joshua hart, aber um eine Erkenntnis reicher.

Er fühlte sich irgendwie schlecht und er wollte es wiedergutmachen. Mit Geld! Vorsichtig legte er den Pappteller mit seiner

Pizza links neben sich auf den schmalen Mauervorsprung und kramte sein Portemonnaie aus der Seitentasche seiner Cargohose. 6,20 Euro waren da noch drin. Ein Fünfeuroschein und 1,20 Münzgeld. Und da wusste Joshua jetzt auch nicht, wie schlecht er sich fühlen musste, weil einerseits waren 5 Euro echt viel Geld und die 1,20 möglicherweise aber auch eine echte Beleidigung für Mister Sad da drüben und …

… da wurde Joshua aber auch schon wieder gedanklich voll abgelenkt, weil sich im nächsten Moment vier nervig laut und durcheinander plappernde Amerikaner und Amerikanerinnen direkt neben ihn setzten. Auf Tuchfühlung. Was Joshua wirklich nicht leiden konnte. Demonstrativ rückte er daher ein Stück nach links, wobei er seine Pizza auf dem schmalen Sims für einen Moment vergessen hatte. Und die landete dann natürlich auf den Boden. Mit der belegten Seite aufs Pflaster. Natürlich das!

»Fuck!«, fluchte er zum 125. Mal an diesem Tag, die Amerikaner verstummten und alle blickten irritiert zu ihm rüber.

Und Joshua blickte fragend zurück, peilte, dass hier ein ganz blödes Missverständnis vorlag, und erklärte schnell und doof: »I'm talking to my Pizza!«

Im nächsten Moment hatte er den Kirchensims wieder für sich allein, weil die jungen Leute aus Amerika jetzt wahrscheinlich auch nicht einordnen konnten, wie auffällig der Typ, der mit seiner Pizza spricht, wirklich war, weshalb sie alle aufgestanden und weitergegangen sind.

Joshua guckte noch mal auf das am Boden liegende Pizzastück, von dem er immerhin fast die Hälfte gegessen hatte, dann hob er den Blick zu dem weißen Clownsmann, dem er jetzt spontan den Fünfeuroschein geben wollte, und ...

... da war der weiße Clownsmann nicht mehr da. Er, seine Luftballontierchen, auch der Plastikstuhl: alles weg! Und als dann die nächste Gruppe Touristen sich neben ihm auf dem Sims breitmachte, gab er seine Stellung endgültig auf und haute selber ab. Weg von dem Gedränge, raus dem Dorfkern. Und nachdem er endlich auch die letzte enge Tourigasse hinter sich gelassen hatte, folgte er einfach der Treppe, die zu einer Anhöhe führte, wo es hoffentlich ruhiger war.

War es! Also ruhiger. Viel ruhiger. Joshua hatte den Friedhof von Monterosso entdeckt. Eine Art Friedhof, die er nicht kannte. Typisch italienisch eben. Hier wurden die Toten überirdisch bestattet. In Grabnischen, die in Reihen neben- und übereinander angeordnet waren. Überdimensionale Wandschränke aus Marmor.

Creepy!, dachte Joshua, als er einen schmalen, langen Gang mit den Grabkammern links und rechts entlangschritt. Alt waren die Gräber, die er sah. Und verziert waren sie. Mit Stuck aus Engeln und Blumen und Kram. Und was Joshua rührte und ihm gleichzeitig die Nackenhaare aufrecht stehen ließen: Auf jedem der Grabkammerklappen war eine Art Medaillon mit Schwarz-Weiß-Foto der verstorbenen Person eingelassen. Joshua sah eine bis zum Hals zugeknöpfte, ältere Dame, die streng nach vorn blickte; ein Grab weiter einen ebenso ernst dreinblickenden Herrn mit Walrossschnauzbart und Mütze auf; daneben eine junge Frau, deren Blick seltsam ins Leere glitt, weshalb Joshua ein weiterer Schauer über den Rücken fuhr, weil er etwas ahnte: Die Frau war zu dem Zeitpunkt, als der Fotograf auf den Auslöser seiner Kamera gedrückt hatte, bereits tot gewesen. Joshua ging näher an die Grabkammer heran, um das Bild der toten Frau näher zu betrachten, da …

… sprang direkt links neben ihm die Klappe der nächsten Grabkammer auf und aus der brüllte eine Jungenstimme: »**So, das war's, Mädels! Ich auferstehe! Now!**«

Joshua schreckte natürlich zurück, verlor das Gleichgewicht, taumelte nach hinten und knallte mit dem Hinterkopf gegen die Grabkammerwand auf der gegenüberliegenden Seite. Leicht benommen verfolgte er, wie aus der Grabkammer vor ihm ein Junge robbte. Mit den Turnschuhen voran. Höchst lebendig. Natürlich das!

»Das waren jetzt fünf ganze Minuten, ich hab gewonnen und ...«, brüllte der Junge wieder, schaute sich verwundert um, sah nur Joshua da rumliegen und brüllte weiter: »Wo seid ihr blöden Arschgeigen? Und was macht der Typi hier?«

»Wir sind immer noch hier. Und welcher Typi?«, stöhnte eine Stimme genervt zurück, die Joshua kannte. Er wusste gerade nur nicht, woher, und ...

... dann kam im nächsten Moment der Typ zur Stimme um die Grabwandecke gewackelt: einer der Jungen, die gestern neben dieser elenden Nervkuh Mathilda am Nebentisch auf der Restaurantterrasse gesessen haben – Hauke eben.

»Ach, du Scheiße«, stieß der nun aus, als er Joshua da am Boden kauern sah. »Alles in Ordnung?«, fragte er ihn.

»Ja, alles gut!«, beruhigte Joshua ihn.

»Cool!«, meinte auch der Junge aus der Grabnische und klopfte ihm so kumpelhaft auf die Schulter ... auf die rechte Schulter! Weshalb Joshua vor brennenden Schmerzen direkt ein gequältes Stöhnen ausstieß.

»Was ist denn da los, Jungs?«, hörte Joshua als Nächstes eine Stimme, die er auf Anhieb zuordnen konnte. Es war die von Nervkuh Mathilda.

»Was will der hier?«, zickte sie da auch direkt so unsympathisch rum, als sie mit dem anderen Typen von gestern Abend – Gabriele eben – um die Ecke kam und Joshua da sitzen sah.

»Das geht dich einen Scheiß an, was der hier will!«, hat Joshua dann eben ganz klassisch zurückgegiftet, während er sich mithilfe von Haukes starker Hand in die Aufrechte quälte.

»Gut, hätten wir das auch geklärt!«, beendete der kleine Schreihals aus der Grabnische einfach das Gespräch. Nils König hieß er und er fuhr fort: »Zurück zum Thema, Sportsfreunde! Ich habe gewonnen! Fünf Minuten im Grab von – lass mich lesen – Benito Mussolini*.«

»Sättse impossibleee«, sagte jetzt auch mal Gabriele was. Wie viel er insgesamt kapierte, war nicht eindeutig geklärt, aber ganz offensichtlich hatte er verstanden, was Nils behauptet hatte.

»Ganz genau! Der Arsch liegt ja auch ganz woanders rum. Irgendwo in Norditalien«, wusste auch Hauke und Nils noch mal: »Auch egal! Ich war da fünf Minuten drin und nun will ich Geld sehen. Fünf Euronen von jedem, per favore.«

Heute ist anscheinend 'Fünf-Euro-Tag', grinste Joshua in sich hinein und der Kurze haute ihn direkt an: »Was ist lustig? Ich habe eine Wette gewonnen. Du hast ja gesehen, wie ich da raus bin.«

»So? Habe ich das?«, grinste Joshua ihn weiter an, weshalb auch Hauke zu ihm gut gelaunt sagte : »Nils, mein Freund! Das war's! Niemand hat dich da rauskommen sehen.«

»Das ist ...«, fehlten Nils mal tatsächlich die Worte.

»Außerdem war von fünf Euro nie die Rede«, stieg jetzt auch Mathilda grinsend in die Diskussion ein. »Du solltest einfach mal für nur fünf Minuten die Klappe halten. Schweigen wie ein Grab, nicht in eins steigen.«

Nils glotzte mit gespielter Fassungslosigkeit in die Runde und seufzte theatralisch: »O tempora, o mores!«

»Was will er?«, fragte Hauke.

* italienischer Faschist und Diktator • 1883–1945

»O Zeiten, o Sitten!«, übersetzte Nils selbst den lateinischen Spruch so überheblich gelangweilt, als hätte er gerade eine peinliche Lücke in Haukes Allgemeinbildung schließen müssen.

»Aus *Asterix und der Avernerschild*, Seite eins«, wusste zufälligerweise aber Joshua, woher Nils den Spruch sehr wahrscheinlich hatte.

»Du bist mein Mann!«, freute sich Nils und hielt ihm die Hand zum Abklatschen hin.

Joshua schlug ein und dann fragte er in die Runde, was die vier denn hier oben auf dem Friedhof machten.

»Allora, Joschi! Wiii aaare luucking for Segeljaaachten, they comes in und-te ...«, brachte sich jetzt auch noch mal Gabriele wieder ins Gespräch ein, worauf Mathilda ihn aber auch direkt ausbremste: »Das geht den Joshi gar nichts an, was wir hier tun!«

Und weil Nils als Einziger nicht so ganz im Bilde war, warum alle hier den Joshi kannten, wurde er von Hauke upgegradet mit dem Einstiegskommentar: Was bisher geschah ...

»Mörder!«, meinte danach auch Nils zu Joshua, dem Tintenfischesser, wobei schon klar war, dass er das nicht sonderlich ernst meinte.

»Und jetzt, Joshi-Mäuschen, ab mit dir zu Mutti und Vati. Wir haben zu tun!«

»Joshua! Ich heiße Joshua Bauer«, korrigierte der jetzt echt genervt diese selbstgefällige Ziege und machte außerdem sehr deutlich: »Ich gehe, wann mir es passt, klar?!?«

»Ganz klar!«, bestätigte die Ziege ... also Mathilda.

»Wie jetzt?«, fragte Joshi-Mäuschen doof nach.

»Du bleibst jetzt einfach hier vor dem Mussolini-Grab hocken und wir gehen dann wieder um diese Ecke und machen da weiter, wo du uns eben unterbrochen hast.«

»Hat er doch gar nicht. Das war der Schreizwerg«, stellte Hauke richtig.

»Wie bitte?«, empörte sich Nils wieder dramatisch.

»Srai-szwäärg!«, wiederholte Gabriele mühevoll.

»Halt du dich da raus, Gabi!«, haute Nils ihn an.

»Cosa?«, fragte Gabriele.

»What?«, fragte Nils.

»Das heißt *Wie bitte?*!«, übersetzte Joshua für ihn und …

… Mathilda mit Machtwort: »Männer, wir haben zu tun!«

»Ich hab Urlaub!«, nölte Nils noch und stiefelte wie die beiden anderen Männer dann aber auch Mathilda hinterher. Joshua blieb allein zurück.

Weshalb Hauke sich noch mal zu ihm umdrehte und ihn fragte: »Was ist? Kommst du jetzt, oder wie sieht's aus?«

»Ach, nä, lass mal. Eure Chefin da hat ja anscheinend ein fettes Problem mit mir. Und, na ja, auch ich hab Urlaub!«

»Das meint die nicht so. Die ist eigentlich ganz okay«, erklärte Hauke.

»Ich meine immer alles genau so, wie ich es sage«, machte Mathilda selber deutlich und hakte nach: »Und was heißt hier eigentlich ganz okay?«

»Heißt, dass dir für sehr okay ganz klar ein paar Punkte in der B-Note fehlen.«, antwortete Joshua für Hauke.

Hauke und Nils unterdrückten ihr Lachen, Gabriele lächelte eh … und Mathilda – sprachlos, verdutzt – glotzte Joshua einfach nur an. Und der wiederum hob zum Abschied die Hand, drehte sich um und ließ nun Mathilda ziemlich blöd da stehen …

… was er irgendwie auch ein wenig schade fand, weil er schon gern gewusst hätte, was sie und die drei Jungs so Wichtiges zu tun hatten.

6

Tag drei dieses wundervollen Urlaubs begann für Joshua diesmal ganz sportlich schon um 6:25 Uhr. Sein Vater rumpelte fünf Minuten früher in der Wohnküche herum als am Morgen davor, bis dann eben auch Joshua definitiv wach war, aufstand, wieder mit seinem Vater frühstückte und …

… so weiter und so fort. Als Barbara Bauer sehr viel später wieder die drei Stufen vom Elternschlafzimmer in die Wohnküche heruntergewackelt kam, dachten die drei Bauers darüber nach, was man denn an diesem sonnigen Tag Schönes unternehmen könne. Joshua machte den Vorschlag mit dem Standup-Paddling. Wenn das Mittelmeer schon keine Wellen zu bieten hatte, dann konnte man ja wenigstens ganz geschmeidig mit so einem langen Board darüber hergleiten. Seine Eltern dachten über den Vorschlag nach – also, gute fünf Sekunden lang taten sie das – und verwarfen ihn. Beiden schwebte er ein kleiner Ausflug ins Nachbardorf Vernazza vor. Mit der Bahn, versteht sich. Mit dem Volvo wäre viel zu aufwendig gewesen. Die Straßen durch das zerklüftete Hinterland schlängeln sich in so irren Kurven und sinnfreien Umwegen durch die komplette Cinque Terre, dass man sich ganz automatisch und schon wieder fragt, ob die da bei der Straßenplanung vielleicht auch ein Kleinkind rangelassen haben.

Egal: Mit dem guten alten Volvo hätten die Bauers mindestens eine Dreiviertelstunde bis Vernazza gebraucht – mit der Bahn waren's fünf Minuten – maximal!

Und dort angekommen hatte Peter Bauer auch binnen kürzester Zeit schon wieder Stress, weil es jetzt so gegen 11:00 Uhr schon sehr voll war am Bahnhof von Vernazza. Und dann kam ihm auf der schmalen Treppe, die zum Ort hinunterführte, im besten Sinne ein Mann in die Quere und den begrüßte er mit den Worten: »That's the wrong side, Mister. You have to go left!«

Und der blasse Mister mit rötlichen Haaren und dem Union Jack auf dem T-Shirt sagte nichts, zog genervt eine Augenbraue hoch, wich aber nicht aus, sondern quetschte sich rechts an Peter vorbei.

»Blöder Arsch«, brummelte Peter und Barbara hinter ihm sagte: »Genau das hat der Mann gerade auch über dich gesagt.«

»Hat er nicht!«, berichtigte Joshua seine Mutter ein paar Stufen hinter ihr. »Der Mann hat Prick gesagt. Das ist stärker.«

Peter blieb stehen, drehte sich um und fragte nach: »Meint?«

Und bevor Joshua übersetzen konnte, meinte Barbara: »Das ist doch jetzt wohl vollkommen egal, Peter. Der Mann war Engländer. Die haben Linksverkehr. Aus seiner Sicht war er also auf der korrekten Treppenseite.«

»Wir sind in Ital...«, stellte Peter unvollständig fest, weil er da nämlich voll multikulti von allen Leuten auf der Treppe heftig beschimpft wurde, weil es wegen ihm nun mal nicht weiterging.

Weißt du, Peter Bauer ist im Grunde ein ganz entspannter Typ. ... oder sagen wir mal besser: weitgehend entspannt! Muss er auch allein schon aus beruflichen Gründen sein. Weil Peter ist Sozialpädagoge und hat halt von Berufs wegen oft mit Leuten zu tun, die im allgemeinen Umgang – wie soll ich sagen – eher als schwierig, anspruchsvoll – kurz: als besonders gelten, was ...

... aber eigentlich gerade gar nicht Thema ist. Thema ist: Peter Bauer! Der ist entspannt. Vom Prinzip her ist er das ... manchmal! Weshalb er auch für seine Verhältnisse sehr lange stillgehalten hat, als die Bauers nach ihrem Rundgang durch Vernazza in einem komplett überfüllten Straßenrestaurant zu Mittag essen wollten, aber einfach nicht bedient wurden.

Und dann endlich, nach gut einer halben Stunde, hat der Kellner die Bauers aber entdeckt, kam direkt auf ihren Tisch zumarschiert und ...

... fegte einfach an ihnen vorbei und kümmerte sich um die Leute, die an dem Tisch hinter den Bauers saßen.

»Ähm ... Entschuldigung ... Scusa? Wir waren, glaube ich, zuerst da?«, sprach Peter den Kellner an, und weil er wirklich höflich sein wollte, translatete er sein Anliegen auch noch ins Englische: »We was, I think, earlier here.«

Der Kellner drehte sich zum Bauer-Tisch um, hob Peter eine flache Hand entgegen, die deutlich machte, dass er sich gedulden solle, weshalb der auch nur noch sagte: »Sorry! I said only, that we was definitivly ...«

»Papa, please!«, bremste Joshua seinen Vater aus, weil ihm sein grottenschlechtes Englisch und überhaupt seine ganze kleinkarierte Art schon sehr peinlich waren. Zu spät!

»Der spricht aber sehr schlecht Englisch, nicht wahr, Mutti?!«

»Pscht, Carl Maria, nicht so laut. Das gehört sich nicht.«

Da erst drehte sich Joshua zu dem Tisch hinter den Bauers um, weil er die Stimmen und Doppelnamen natürlich wiedererkannte. Und da saß sie nun auch: die vollständige Lehrerfamilie aus Göttingen.

»Aber Carl Maria hat recht. Das ist unterirdisch«, pflichtete die kleine Göre ihrem Bruder bei – Lea-Sophie.

Der Kellner drehte sich wieder zu der Lehrerfamilie um und die Mutter der beiden Wunderkinder diktierte ihm ihre Bestellung – selbstverständlich in fließendem Italienisch. Und als sie damit fertig war, fragte der Mann in der Runde, der Lehrer-Vater also, den kleinen Carl Maria betont amüsiert und gerade laut genug, dass Peter Bauer es auch hören konnte: »Wie heißt es denn korrekt, mein Junge?«

»We were here first!«, kam die Antwort wie aus der Pistole geschossen.

»Sehr gut, Carl Maria!«, benotete der Vater den Kleinen stolz. Mit einem Seitenblick zu Peter hin. Ein Blick, der in seiner ganzen Oberlehrerhaftigkeit nur eins sagte: Du bist eine hohle Nuss!

Und da muss ich sagen: Peter hat tatsächlich mal sehr souverän reagiert. Nämlich so gut wie gar nicht. Er verdrehte nur genervt die Augen, fing den Kellner ab, der fast wieder an ihm vorbeigelaufen wäre, und gab endlich die Bestellung auf ... per *Auf-die-Speisekarte-Finger-tipp-Sprache.*
Idiotensicher.

Eigentlich! Denn lange nach den Göttingern bekamen dann auch die Bauers ihre Speisen endlich serviert, doch die Pizza, die Peter bestellt hatte, war ein Salat.

»Wir können tauschen, wenn du möchtest«, bot Barbara ihm direkt an, weil sie vielleicht ahnte, dass Peter im Begriff war, den Salat zurückgeben zu lassen, was dann alles noch länger gedauert hätte.

Aber Peter zeigte für den Kellner schon auf die Fehlbestellung, wurschtelte im Kopf die falschen Englischfetzen zu einer Beschwerde zusammen und ...

... dann sah er zufällig, wie sämtliche Göttinger am Nachbartisch wie gebannt auf ihn starrten, in freudiger Erwartung der nächsten Lachnummer auf Englisch. Und da – ganz plötzlich –

fühlte Peter sich unendlich doof und klein. Gedemütigt von Bildungsbürgereltern, wie er das Lehrkörperpaar richtig einschätzte, und von ihren beiden hochbegabten Arschlochkindern.

»Cosa?«, raunte der Kellner, weil Peter immer noch gedankenverloren auf die Salatblätter zeigte und da ...

... entschied er sich ganz spontan, dem Kellner mit Daumen-hoch-Geste stumm mitzuteilen, dass alles in bester Ordnung sei, worauf – erstens, der Kellner verschwand – zweitens, die Göttinger sich wieder leicht enttäuscht abwandten und – last, but not least, drittens, seine Frau Barbara sich über ihre eigene Pizza hermachte, weil sie dachte, dass Peter den Salat nun tatsächlich selber essen wollte.

Wollte er nicht, tat er aber. Peter hasste sich für diesen falschen Stolz ... und Salat mochte er auch nicht.

Nach dem Mittagessen sind die Bauers auch wieder direkt zurück nach Monterosso. Vernazza war wirklich ein traumhafter Ort, aber mit jedem Zug kamen immer mehr und mehr Leute und es wurde lauter und voller und stressiger und, und, und ...

»Das hätten wir ja gleich haben können, was, Joshi?!«, scherzte Joshuas Mutter, als alle drei Bauers vor der Küste von Monterosso auf den geliehenen SUP-Boards knieten.

»Ja, aber da hätte Papa seinen leckeren Salat verpasst«, witzelte Joshua, wechselte geschmeidig in die Standposition und machte sich schnell mit der Paddeltechnik vertraut. Easy!

»Ja, sehr witzig!«, kommentierte sein Vater spröde, während er zusah, wie Joshua von jetzt auf gleich auf dem Brett stand und lospaddelte. Einfach so. Denn auf so einem Ding hat bisher niemand von den Bauers gestanden, auch Joshua nicht ... und seine Frau, die Barbara, auch nicht. Und selbst die stand im nächsten Moment wie eine Eins auf dem Brett und paddelte lachend los.

»Komm, Peter, das macht Spaß!«, rief sie zu ihm rüber.

Peter Bauer legte sein Stechpaddel kurz zur Seite, stütze sich mit beiden Händen ab, brachte sich etwas wacklig in den Stand und ...

... stellte fest, dass er sein Paddel neben seinem rechten Fuß vergessen hatte. Also wieder runter in die Knie, Paddel in die Hand genommen, wieder hoch und – *Splash* – fiel er ins Wasser.

Er ist zu alt dafür, dachte Joshua, während er jetzt schon aus einiger Entfernung seinem fluchenden Vater dabei zusah, wie er wieder unbeholfen auf sein Board robbte. Aber dann sah er im nächsten Augenblick zu seiner Mutter rüber, die beinah so sicher auf dem Board stand wie er selbst. Und da tat ihm das schon wieder ein bisschen leid, was er eben gedacht hatte, weil seine Mutter war ja fast genauso alt wie sein Vater. Glatte 50 also. Auch, wenn sie etwas jünger wirkte. Was aber auch daran lag, dass sie sich alle sechs Wochen die Haare für ein Vermögen färben ließ und sich jeden Morgen Schminke in die Gesichtsfalten spachtelte, die teuer war wie Drogen ...

Splash! – Diesmal landete sein Vater mit einem Rückenplatscher hinter seinem Board.

»Du musst das Paddle quer vor dich hinlegen und dann ...«, rief Joshua zu ihm rüber und er barsch zurück: »Ich weiß!«

»Wusstest du nicht!«, korrigierte Barbara ihn.

»Ja, ja, ja! Aber jetzt! Jetzt weiß ich's. Bin ja nicht blöd!« Und Joshua grinste in sich hinein: »Na ja ...«

»Wie bitte?«

»Nichts, Vater. Es ist nichts!«

»Echter Scherzkeks, was?! Auf den Arm nehmen kann ich mich selber!«

Und da dachte Joshua ein klein wenig überheblich: Du schaffst es ja nicht mal, ordentlich auf das Brett zu kommen!, sagte aber nichts.

Splash!

»Du, hör mal, Schatz. Joshua und ich paddeln einfach schon mal bis zu der Küstenspitze da. Du kannst ja einfach noch ein bisschen üben«, schlug Barbara vor, als Peter wieder an der Wasseroberfläche aufgetaucht war.

»Ja, ja. Macht ihr ruhig. Ich komme hinterher«, rief Peter zurück und ...

... dann kam er aber einfach nicht hinterher. Weil er zu langsam war. Irgendwann stand er zwar auch einigermaßen sicher auf dem Board, aber da kamen ihm seine Frau und Joshua nach gut einer Stunde auch schon wieder entgegen.

»Wie? Das war's schon?«, begrüßte er die beiden so auffordernd, dass Joshua schon ahnte, was als Nächstes folgen würde.

»Kleiner Stand-up-Paddling-Wettkampf gefällig? Von hier bis zum Felsen da vorn. Fünf Euro!«, bot sein Vater prompt an und deutete auf den spitzen Felsen, der am gegenüberliegenden Strandende ins Wasser ragte ... und es bis heute noch tut. Ich habe kürzlich nachgeschaut.

»Geht das wieder los«, stöhnte Barbara den blauen Himmel an und Joshua aber: »Nope!«

»Wie *Nope!*?«, fragte Peter.

»Nope – nein – Ich will nicht. Du würdest eh wieder verlieren.«

»Was heißt hier wieder! Ich habe gestern klar gewonnen!«

»Hast du nicht. Schon vergessen? Ich bin in eine Feuerqualle reingeschwommen.«

»Was ja wohl nicht mein Fehler war!«

»Aber meiner, oder was?!?«

»Jungs, kommt runter!«, funkte Barbara dazwischen, aber Peter musste ja unbedingt noch mal nachlegen: »Ja, klar, dein Fehler, wenn du Blindfisch in eine Qualle reinschwimmst.« Das sollte witzig rüberkommen. Peter wollte einfach nur gut gelaunt seinen Sohn provozieren. Und jetzt sag ich mal so: Der Witz war ein echter Rohrkrepierer, aber in Sachen Provokation war Peter auf ganzer Linie erfolgreich ... ungewollt! Denn nun war Joshua echt sauer. Dämlicher konnte ein Spruch nicht sein. Und was ihm da erst auffiel: dass sein eigener Vater nicht ein einziges Mal nachgefragt hatte, wie es ihm mit der brandlädierten Schulter ging und ...

»Penner!«, platzte es aus Joshua daher heraus.

»Joshua!«, ermahnte Barbara ihn streng.

»Vorsicht, Sohn. Treib es nicht zu weit!«, warnte ihn Peter – jetzt ebenfalls ziemlich sauer.

»Sonst passiert was?«

»Ich ... ähm ... kürze dein Taschengeld?«, fiel dem Peter nichts Besseres ein.

Und da guckte Joshua ihn einfach nur noch verständnislos an und meinte: »Mach!«

Und bevor Peter auch nur irgendwie drauf reagieren konnte, wandte Joshua sich ab und paddelte mit seinem Board Richtung Strand.

»Bravo, Spatz, großartig! *Taschengeld kürzen.* Toll! Ganz, ganz toll«, stöhnte Barbara ihren Mann an.

»Jetzt fall du mir noch in den Rücken, Bärbel«, stöhnte Peter zurück.

»Tue ich gar nicht. Ich sage dir offen ins Gesicht, dass das superbescheuert von dir war. *Taschengeld kürzen* – Geht's noch? Außerdem habe ich da ein Wörtchen mitzureden.«

Und da war es echt clever vom Peter, dass er da einfach mal wieder seine Klappe hielt.

Peter und Barbara drehten noch ganz entspannt ein paar Runden mit den SUP-Boards, dann mieteten sie sich am Strand wieder Liegen und Sonnenschirm. Joshua war nicht mehr da, aber er hatte Barbara eine WhatsApp geschickt, dass er einfach ein paar Meter gehen wollte. In die Stadt und so. ... und als Barbara Peter dann noch vorlas, dass Joshua den *Penner* zurücknehmen würde, war die Angelegenheit auch für ihn erledigt.

Voll war es da am Strand, aber der Platz in der zweiten Reihe war für die beiden ganz akzeptabel. Barbara schnappte sich ihre italienische Modezeitschrift und guckte sich einfach nur die Bilder an. Was nicht heißen soll, dass Barbara vielleicht ein bisschen schlicht wäre. Sie kann viel, aber eben kein Italienisch. Barbara ist Musikerin ... also *auch* Musikerin, weil in erster Linie verdient sie ihr Geld als Klavierlehrerin. Das zählt natürlich irgendwie in die Rubrik *Musikerin*, aber da hat die Barbara schon ihren Stolz, weil: Das eine ist Kunst, das andere einfach nur harte Arbeit.

Barbara guckte sich also die bunten Bilder in ihrer Modezeitschrift an und Peter kramte sein Buch aus der Strandtasche. *Ruf der Wildnis* von Jack London. Du weißt schon: der Abenteuerroman. Oder falls du es nicht weißt, auch kein Thema. Jedenfalls ein echter Klassiker, den Peter Bauer sich schon seit

Jahrzehnten vorgenommen hatte. Er ist halt nie so richtig dazu gekommen. Aber jetzt – endlich – war er da, der Moment. Peter lehnte sich entspannt zurück, schlug die erste Seite von *Ruf der Wildnis* auf und ...

... da erschallte direkt vor ihm aus so einem erstaunlich kleinen Bluetooth-Würfel Musik. Oder was man so *Musik* nennt. Eher so ein Mix aus Klangschalengedengel und Meeresrauschen oder Störgeräuschen im Ohr – Tinnitus halt. Und da noch hineingewabert das Gitarrengezupfe im Endloshall. *Schrecklich alles.* Fanden beide Bauers. Nur Barbara ist da irgendwie mehr Profi als ihr Mann. Wer sechs Stunden lang am Stück das gestörte Geklimper von mehrfach schwerst unbegabten Klavierschülern erträgt, steckt auch solches Gewaber locker weg.

Peter aber, genervt, sah zu der farbenfroh tuchumhüllten Lady hoch, die er als Ursache der Störung erkannte. Direkt vor ihm in der ersten Sonnenschirmplatzreihe tänzelte sie extrem beseelt vom esoterischen Gedudel, das aus dem Kraftwürfel mit Kordel dran kam. Und während sie ihr Handy in den Händen behielt, hängte sie die kleine Bluetooth-Box an die Rückenlehne ihres Liegestuhls. Worauf sie dann anfing, ihre Arme zum Klangschalengeräusch wellenförmig hin- und her zu schwingen.

»Ich hasse sie!«, knurrte Peter gedämpft nach links zu seiner Barbara rüber.

»Ich weiß«, antwortete Barbara entspannt.

»Ich werde jetzt aufstehen und ihr sagen, wie sehr ich sie hasse«, verkündete Peter.

»Wirst du nicht«, wusste Barbara.

Peter brummelte noch irgendwas und blieb. Er konzentrierte sich wieder auf die erste Seite von *Ruf der Wildnis*. Und gerade, als die esoterischen Störgeräusche sich für Peters Ohren mit der sanften Brandung des Mittelmeeres vermischten und er das Gedudel schließlich gar nicht mehr wahrnahm, gerade da …

… drehte die Knallbonbon-Lady den Lautstärkeregler der Bluetooth-Box einen Tick weiter auf.

Peter klappte *Ruf der Wildnis* zu, setzte sich auf, beruhigte per Handgeste Barbara, dass er auf gar keinen Fall Ärger anfangen werde, erhob sich und stapfte die paar Schritte zu der *Lady in Bunt* rüber.

»Sorry! Aber wäre es vielleicht möglich, dass Sie die Musik etwas leiser stellen?«, fragte Peter wirklich betont höflich.

»Nein!«, säuselte die Lady betont ignorant. Und nahtlos hinterher nuschelte es aus dem zweiten Liegestuhl unter ihrem Sonnenschirm: »Das ist ja mal wieder typisch deutsch. Kaum läuft mal 'ne dufte Musik, beschweren sich die Spießer wieder, hm?!«

Peter blickte zu dem Liegestuhl runter, allein schon aus Neugierde, um zu gucken, *wie* alt der Typ sein musste, der noch Worte wie *dufte* benutzte. Mitte-Ende fünfzig schätzte er den Zausel mit Schnauz- und Kinnbart.

»Ich hab mich nicht beschwert«, erklärte Peter ihm. »Ich habe lediglich drum gebeten, die Lautstärke runterzudrehen.«

»Ach, jetzt wollen Sie uns allen am Strand hier auch noch das Recht auf Musik verbieten, was?!?«, empörte sich die bewegte Lady.

»Typisch deutsch, typisch!«, wiederholte ihr Partner im Liegestuhl. Peter schüttelte leicht genervt den Kopf und erklärte noch mal geduldig: »Nicht *ganz* abstellen. Nur etwas runterdrehen. Das meinte ich und habe ich auch genau so gesagt. Stellen Sie doch bitte einfach nur dieses Kaufhausgedudel ein bisschen leiser.«
»Kaufhausgedudel?!«, echote Mister Zausel empört und in Richtung der Frau: »So ein Banause, was, Najada?!?«
Die Frau namens Najada nickte und tippte ganz trotzig auf dem Display ihres Handys herum, sodass das Gedudel noch lauter aus dem Würfel vom Kopfende ihres Liegestuhls quoll.

Peter, nun etwas ratlos vor lauter Ignoranz auf einem Haufen, drehte sich zu seiner Barbara um. Die aber verdrehte nur die Augen und vergrub ihren Kopf noch tiefer in die Modezeitschrift – gerade so, als könnte sie urplötzlich doch fließend Italienisch. Weshalb Peter sich wieder zu der Najada umdrehte, und die wackelte noch einmal extra betont erleuchtet mit ihren schwingenden Armen vor Peter herum und machte dann – hui – eine kesse Drehung um ihre eigene Achse ... die aber mangels Schwung schon nach einer Dreivierteldrehung endete. Da wirkte die schwankende Najada für einen Augenblick etwas orientierungslos. Aber mit ein paar tapsigen Schrittchen mogelte sie sich wieder vis-à-vis vor Peter und sagte: »Sie Strand-Nazi!«

»Wie bitte?«, fragte der echt perplex nach. Und, was du mir glauben musst: Peter kochte regelrecht vor lauter Wut, aber er riss sich zusammen und zählte still für sich von zehn herunter und atmete tief ein und aus. Das ist so eine Antiaggressionstechnik, die er mal während so eines Sozpäd-Seminars gelernt hat. Du zählst herunter, atmest bewusst und stellst dich ganz sachlich und friedvoll dem Konflikt und ...

... Peter war gerade mal bei *acht* angekommen, da hat er sich die Kordel von dem nervigen Dudelwürfel geschnappt, ist damit an der überraschten Najada vorbei bis zum Wasser geschritten und dort schwang er ihn wie beim olympischen Hammerwurf und schleuderte ihn in rekordverdächtiger Weite ins Mittelmeer. Der Musikklotz verstummte und versank. Worauf Peter sich zu der bunt gefleckten Najada und ihrem sprachlosen Nuschelfuzzi umdrehte und beide abwechselnd triumphierend anstrahlte.

»Polizei! Ich ruf die Polizei!«, stieß Najada schließlich kurzatmig aus und Peter ...? – Peter, sehr überlegen, grinste der Najada voll frech ins Gesicht und sagte: »Mach!«

... und Najada machte!

Fernab von diesem dramatischen Strandkrieg trieb Joshua mittlerweile durch den Dorfkern von Monterosso. Wieder im Touristenstrom.

Neue Sportart: Touri-Surfen, dachte Joshua etwas albern.

Den Fight mit seinem Vater hatte er weitgehend verarbeitet. Und dass er den *Penner* sogar per WhatsApp zurückgenommen hatte, hatte ihn im ersten Moment zwar selber überrascht, aber irgendwie war es auch eine noble Geste. Praktisch hatte er seinen Vater kurzzeitig begnadigt, was von wahrer Größe zeugt, wenn man sich vernünftig entschuldigen kann.

Wie auch immer: Joshua surfte auf der Touriwelle durch den Dorfkern und von dort so *ganz zufällig* wieder zum Friedhof hoch. Und hinter dem Grabkammergang mit der leeren Grabschublade am Ende traf er sie alle wieder an. Hauke, Nils, den Italiener Gabriele und eben auch Mathilda, die durch ein fettes Fernglas auf die Bucht von Monterosso blickte.

»Das taugt doch nicht. Das ist viel zu klein!«, hörte Joshua sie murren und Nils aber hielt dagegen: »Wie – *zu klein!*? Das ist eine Eins-a-Motorjacht. Mit der kannst du ganz klar auch Kreuzfahrtschiffe lahmlegen.«

»Das sagst du ja nur, weil der Eimer deiner Mutter gehört«, meinte darauf Hauke zu Nils und er dann wieder: »Ja, na und? Außerdem fiele dann der Strafbestand *Diebstahl* weg. Ich weiß, wo Mami die Schlüssel von dem Boot hat und ...«

»Mami? Im Ernst jetzt?«, fragte Mathilda so halb erschüttert nach, und weil sie sich dabei zu Nils umdrehte, nahm sie dann auch als Erste Joshua hinter ihm wahr.

»W... was soll das? Spionierst du uns nach? Wie lange stehst du schon da rum?«, blaffte sie ihn direkt an.

Die drei Jungs aber nickten Joshua freundlich zu und der antwortete Mathilda sachlich: »So lang, dass ich jetzt weiß, dass ihr eine Jacht klauen wollt, mit der man Kreuzfahrtschiffe lahmlegen kann ... und dass Nils zu seiner Mutter *Mami* sagt, weiß ich jetzt auch.«

Da empörte sich Nils extra theatralisch: »Ja, was soll die Scheiße jetzt?! Ich dachte, wir wären Freunde. Brüder im Geiste. Seelenverwandte. Und jetzt fällst du mir in den Rücken und machst dich lustig über mich?«

»Habe ich doch gar nicht«, fiel Joshua wieder mal auf Nils gespielte Klage rein und Hauke meinte: »Außerdem ist *Mami* doch ganz niedlich.«

»Ich geb dir gleich *niedlich*!«, warnte Nils ihn.

»Mamma Mia«, stöhnte Gabriele, und Mathilda dann endlich zu Joshua: »Also was?«

»Also *was* was?«

»Was das hier soll? Was hast du hier zu suchen?«

»Könnte ich dich auch fragen, was das hier soll«, fiel Joshua nichts Besseres ein. »Jacht klauen – Kreuzfahrtschiff lahmlegen. Das ist Kinderkacke, ist das ja.«

Und da wusste Joshua jetzt auch nicht, ob er damit alle Anwesenden zutiefst beleidigt oder einfach nur einen verdammt wunden Punkt getroffen hatte. Jedenfalls guckten sie alle Joshua stumm an und ...

... dann war es ausgerechnet Gabriele, der sagte: »It's noot impossibile. Wir mussen versuchen, tu stopp siss cräsy Tourism-Hell!« Und nach kurzer Pause noch smilend hinterher: »Aber mit bigger ship äs from Nils sweet Mami.«

Da guckten sie ihn alle an, weil es war immer wieder überraschend, dass Gabriele anscheinend doch mehr verstand, als man ahnte.

»What?«, verstand Joshua bis dahin aber nur sehr wenig.

»Gabi meint die Tagestouris. Craziest hell ever!«, erklärte Nils. Und weil Joshua immer noch sehr verpeilt aus der Wäsche guckte, war es ganz erstaunlicherweise Mathilda selbst, die einmal kurz und ungeduldig mit dem Kopf wackelte, Joshua dann aber vollständig aufklärte. – Dieser Massentourismus war ein echtes Problem in der Cinque Terre geworden. Menschen aus aller Welt, die den kompletten Küstenstreifen jeden Tag aufs Neue stürmten. Alles schon erzählt. Aber neu für Joshua war dann eben auch die Info, dass die Dorfbewohner selbst so gar nicht viel von dem ganzen Trubel hatten. Die meisten Touris schoben sich einfach so durch die engen Gassen, schlabberten hier und da ein paar Kugeln Eis weg, aber das war es dann auch. Was übrigens der Grund dafür war, dass Gabriele – Gabi – Conti mit von der Partie war. Seiner Schwester gehörte die kleine Bar an der Strandpromenade. Was an sich ja nichts Schlechtes war, weil Gabriele da auch aushalf und für seine Verhältnisse ganz gut verdiente. Aber trotzdem nervten ihn die Touris. Es waren einfach viel zu viele. Und sie kamen eben mit diesen riesigen Kreuzfahrtschiffen, die ein *noch* größeres Umweltproblem waren als die Touris selbst.

Jedenfalls: Mathilda hatte dem Joshua die ganze Umweltproblematik um die Ohren gehauen und verriet ihm zu guter Letzt auch noch das Ziel der ganzen Mission: »… eine Jacht *borgen* und sich damit vor La Spezia einem dieser Kreuzfahrtschiffe in den Weg stellen. Es aufhalten. Medienwirksam, verstehst du?! Mit meinen Channels auf Insta und YouTube.«

»… da ist Mathilda nämlich eine ganz große Nummer. *Ganz groß!*«, fügte Nils stolz hinzu.

»Glückwunsch!«, sagte Joshua eine Spur zu gelangweilt, weshalb Hauke da auch ein wenig enttäuscht feststellte: »Du bist also nicht dabei?!«

Die Frage fand Joshua an sich schon ziemlich absurd, weil: Natürlich war die komplette Aktion in seinen Augen total irre und überhaupt mal so was von gar nicht durchführbar und …

»… ja klar bin ich dabei!«, antwortete Joshua sehr spontan, was ihn selbst wohl am allermeisten überraschte.

»Ottimale!«, freute sich Gabriele.

»Sehr richtig, Gabi! Das ist höchst *ottimale*!«, bestätigte auch Nils und Hauke klopfte dem Joshua anerkennend kräftig auf die Schulter … auf die *rechte* Schulter wieder, weshalb Joshua kurz und scharf Luft einsog.

Und da guckte Mathilda ihn noch mal ein Weilchen skeptisch an und raunte schließlich: »Okay, du bist drin … *Joshi.*«

Dann drehte sie sich einfach wieder um, blickte durch das fette Fernglas, suchte die Bucht nach einer *vernünftigen* Jacht ab und da …

… blieb sie aber an einem bestimmten Punkt am Strand

hängen und sagte: »Sag mal, Joshua Bauer! Dein Vater – trägt der eine ziemlich knappe Badehose mit orange-blau kariertem Muster?«

»Äh ... ja, warum?«

»Dann wird der gerade von zwei Italo-Cops in Handschellen abgeführt.«

7

Am nächsten Morgen konnte Joshua mal richtig auspennen. Seine Mutter schlief ja ebenfalls gern lange und sein Vater konnte sowieso nicht mitten in der Nacht in Joshuas Schlafwohnküche rumpoltern, weil der ja nun im Gefängnis war. Diese Najada hatte tatsächlich die Polizei gerufen. Da hatte der Peter so nicht mit gerechnet. Und als dann auch noch der selbe Dorfsheriff zum *Tatort* kam, der dem Peter am ersten Tag zur Begrüßung das fette Bußgeld aufgebrummt hatte, war klar, dass Peter richtig schlechte Karten hatte.

Der Dorfsheriff also, zusammen mit einem Kollegen, kam runter zum Strand, Najada und ihr Typi plapperten auf die beiden Staatsdiener ein und zeigten auf Peter. Und der wiederum pflanzte sich demonstrativ neben seine Modezeitschrift verschlingende Frau Barbara auf den Liegestuhl, was der Dorfsheriff seinerseits aber ziemlich unhöflich fand und den Peter daher auch aufforderte, wieder aufzustehen. Der jedoch weigerte sich, was ein echter Fehler war, denn …

… im nächsten Moment fand Peter sich auf dem Boden der Tatsachen wieder: bäuchlings auf dem Strand, mit verdrehtem Arm und mit Sand zwischen den Zähnen. Und weil er sich

dann auch noch gewehrt hat, wurde er schließlich abgeführt und eingesperrt. Mangels Alternativen in die einzige Zelle, die anscheinend überhaupt in der kompletten Cinque Terre zur Verfügung stand: in die Ausnüchterungszelle im Polizeirevier von Monterosso.

»Und wann darf er wieder raus?«, fragte Joshua seine Mutter an diesem Morgen beim Frühstück so gegen zehn.

»Wenn ich da hingehe und seinen Personalausweis mitbringe. Den brauchen die da noch.«

Joshua guckte noch mal kurz auf seine Display-Uhr, stutzte etwas, weil seine Mutter hätte seinen Vater dann ja auch schon sehr viel früher abholen können.

»Und, Joshua? Was möchtest du denn heute mal machen? Sollen wir beide wieder mit dem SUP-Board los? Das war doch ganz schön, oder?«, fragte seine Mutter ihn fröhlich, als wäre sein Vater eigentlich nur mal kurz weg zum Brötchenholen.

Ja, war es! Eindeutig. Aber Joshua hatte andere Pläne. »Morgen vielleicht. Ich bin verabredet mit ein paar Leuten.«

»Was für Leute?«

Und da überlegte Joshua kurz, ob er seiner Mutter tatsächlich sagen sollte, dass er diese Mathilda und die Jungs treffen würde. Denn zumindest Mathilda dürfte auch seiner Mutter nach dem ersten Abend im Straßenrestaurant als Mädel mit Sprung in der Schüssel gut in Erinnerung geblieben sein. Und auf komische Kommentare hatte er jetzt wirklich keine Lust.

Daher Kurzinfo: »Leute halt. Alle so in meinem Alter und ganz okay.«

»Aha?«, machte Joshuas Mutter noch mal erstaunt, aber ansonsten hatte sie keine Einwände und Joshua ging dann auch gleich nach dem Frühstück los.

Der Witz war, dass Joshua ja selber dachte, dass diese Mathilda ordentlich einen an der Waffel hatte. Und trotzdem hatte er sich mit ihr und den Jungs verabredet.

Und während er wenig später wieder die elendig lange Treppe zum Friedhof raufging, wurde Peter übrigens auch schon wieder aus der Haft entlassen. Das war natürlich erfreulich, dass der jetzt nicht die kompletten 14 Tage in der Ausnüchterungszelle absitzen musste. Aber – ganz ehrlich – Joshua fand es noch erfreulicher, dass er gleich die Gang wiedertraf. Und da konnte er erst gar nicht so genau sagen, warum genau. Mathilda war so ziemlich die durchgeknallteste Lady, der er seit Jahren begegnet ist. *Kreuzfahrtschiffe stoppen – mittels einer geklauten Jacht ...* Das war selbstverständlich absoluter, nicht durchführbarer, extremster Kindergartenquatsch. Peinlich irgendwie. Und die Jungs haben sich tatsächlich von Mathilda dazu überreden lassen mitzumachen... Okay, er selbst war ja auch mit von der Partie, aber ganz klar gab er dieser Mission nicht den Hauch einer Chance.

Also, was genau will ich hier eigentlich?, fragte er sich dann noch mal auf dem Friedhof, als er wieder an der Schrankwand des Grauens entlangflanierte. Und eigentlich kannte er die Antwort: andere Personen als seine Eltern treffen! Mit Leuten, die ein kleines bisschen angetickt, aber alles in allem schon echt okay waren. Hauke, Nils, Gabi ... und selbst Mathilda.

Gut gelaunt ging er also um die Ecke der Grabwand und ...

... Totenstille und niemand da. Joshua kramte sein Handy aus der Tasche, um nachzusehen, wie spät es war. Halb elf. Pünktlich war er also.

Aber vielleicht ist bei denen ja auch irgendwas dazwischengekommen, sagte er sich und wartete eben ganz entspannt und ...

... als nach fast einer halben Stunde immer noch keiner von denen aufgetaucht war, verließ Joshua den Friedhof wieder und trat dabei einmal voll unentspannt gegen eine halb offene Grabklappe, die dann aber unerwartet zurückfederte und Joshua mit harter Kante voll am Schienbein traf.

»**Kacke-alte-verdammte-Scheiße-noch-mal!**«, verfluchte er die leere Grabnische und ...

... was dann wohl Glück war, dass der Kirchenmann, der just in dem Moment in denselben Gang einbog, sicher kein Deutsch verstand.

»... soll heißen, dass du dich absolut bescheuert und asozial verhalten hast!«, hörte Joshua seine Mutter im Bungalow in erhöhter Tonlage sagen, als er rund zwanzig Minuten später wieder das Gartentor zu dem Haus öffnete.

»*Asozial?* Das sagt ja gerade mal die Richtige. Mich einfach in der Zelle versauern zu lassen. Nicht witzig war das. **Absolut nicht!**«, hörte er seinen Vater, den alten Freigänger, mit Nachdruck antworten und da war dem Joshua auch klar, dass in der Ferienwohnung gerade mal richtig schlechte Stimmung herrschte. Weshalb er wieder kehrtmachte und zurück zum Gartentor humpelte.

»Joshi? Was ist los? Alles in Ordnung?«, rief ihm da aber auch schon seine besorgte Mutter durch das geöffnete Wohnküchenfenster hinterher.

Joshua verdrehte die Augen, weil er den höchst alarmierten Mutterton kannte, und er ging ihm tierisch auf die Nerven. *Fünfzehn* war er, keine *fünf* mehr! Aber …

… er setzte ein entspanntes Gesicht auf, drehte sich um, ging so normal wie möglich auf das Haus zu und antwortete: »Alles gut!«

»Aber du blutest ja!«, stellte seine Mutter entsetzt fest und zeigte auf die geronnene Blutspur, die von der kleinen Platzwunde auf Joshuas linkem Schienbein bis in seinen weißen Sneaker geflossen war.

»Das ist nichts«, meinte Joshua und dann lenkte er schnell vom Thema ab und fragte seinen Vater: »Wie war *Alcatraz*[*] … Dad?«

Peter Bauer verzog sein Gesicht, denn nichts war lustig daran, eine ganze Nacht in einer gekachelten Zelle auf einer steinharten Pritsche zu verbringen … mit nur einer kratzigen Wolldecke und einer knappen Badehose am Leib.

[*] berühmt berüchtigtes US-Gefängnis in der Bucht von San Francisco

»Pssst! Dein Vater ist noch in der Resozialisierungsphase eines Schwerverbrechers. Er hat aber versprochen, nie wieder kleine Lautsprecher ins Mittelmeer zu werfen«, stieg Barbara gnadenlos auf Joshuas Spitze ein.

Da sagte Peter aber auch nichts zu, weil immerhin machte seine Frau sich nun ebenfalls lustig über ihn und das war unter dem Strich weniger nervig, als wenn sie sauer auf ihn war.

»Du bist aber früh zurück, Joshi. War das Treffen mit *den Leuten* doch nicht so toll?«, wechselte Barbara dann auch endgültig das Thema.

»Welche Leute?«, fragte Peter.

»Leute halt!«, antwortete Joshua. »In meinem Alter, ganz okay. Aber ... ähm ... ich hab mir das Schienbein an einem dämlichen Stein aufgeschlagen. Deswegen bin ich zurück«, log er schnell zu Ende ... und ließ dann auch mal besser außen vor, dass ein Pfarrer ihn vom Friedhof geworfen hatte.

»Prima!«, freute sich Peter über den Unfall seines Sohnes, weil: »... da können wir ja zu dritt die Wanderung machen.«

Danke für dein Mitgefühl ... Vater, dachte Joshua und seine Mutter antwortete ihrem Mann: »Nein, geht ihr mal alleine. Ich möchte lieber zum Strand runter. Lesen, schwimmen und vielleicht auch noch mal mit dem *SUP-Board* raus. Mal schauen.«

Da hatte Peter so eine Ahnung, dass seine Frau vielleicht doch ein klein wenig wütender auf ihn war, als sie den Anschein machte, aber er ließ sich jetzt mal so gar nichts anmerken und strahlte seinen Sohn an: »Okay, dann wird das hier ein reines Männerding, was, *Josh-Boy*?«

Josh-Boy war wenig begeistert, aber weil er noch weniger Lust hatte, den Rest des Tages allein in diesem öden Ort abzuhängen, sagte er zu und machte mit ... bei diesem reinen *Männerding*. Wie peinlich sein eigener Vater sein konnte. ... *wie peinlich*!!!

Die beiden *Männer* Peter und Joshua Bauer wurden direkt am Anfang des Wanderweges von einer kleinen, drahtigen Frau vor ihrem Kassenhäuschen ausgebremst. 7,50 Euro wollte sie pro Nase haben.

»For what, please?«, regte sich Peter gleich wieder auf, der eben noch ganz klar in Erinnerung hatte, dass das hier vor rund 20 Jahren gar nichts gekostet hatte und jetzt *auf einmal* aber doch.

»Allora: Es ist eine Gebühr für die Instandhaltung des Weges. Reparaturarbeiten, Reinhaltung ... *et cetera pe pe*.«, spulte die Frau ein wenig gelangweilt und in fast akzentfreiem Deutsch ab.

»Ah ... I see!«, antwortete Peter etwas verwirrt und dann aber switchte er direkt von seinem Mörder-Englisch auf Deutsch um: »Aber wir machen ja nichts schmutzig und kaputt schon mal gar nicht. Wir wollen einfach nur ...«

»Hier, bitte schön!«, sagte da überraschenderweise sein Sohn zu der kleinen Frau und gab ihr 15 Euro passend aus seinem Geldbeutel. Worauf die Frau ihm zwei Abrisstickets gab und beiden viel Spaß wünschte.

»Können wir dann?«, fragte Joshua den Peter nicht wirklich und ging sowieso einfach vor und ...

... Peter stumm und doof hinterher.

Im Boden hätte er versinken können. Auf der Stelle.

Versinken und weg. Mein eigener Sohn, der ... – Peter rechnete – *... fünfunddreißig Jahre jünger ist als ich, lässt mich dastehen wie den letzten Deppen.*

Er überlegte kurz, ob er seinem Sohn genau das jetzt klarmachen wollte, entschied sich dagegen, legte stattdessen einen Gang zu, überholte *seinen Joshi* demonstrativ und sagte zu ihm: »Ich geb dir das Geld später wieder.«

»Mhmm!«, antwortete der nur und dann wanderten sie durch die Cinque Terre. Entlang der Küste. Vater und Sohn!

... und gefühlt dreiundzwanzigtausend weitere Wandervögel, die nach und nach von irgendwoher dazukamen. Viele laut quakende Amerikaner auch, weshalb Peter sich vorkam wie in einem Track von Goldsuchern. Da musste er gleich wieder an Jack London denken – *Lockruf des Goldes*. Aber das Einzige, was man hier mit Sicherheit am Ende fand, war ein mordsmäßiger

Muskelkater in den Oberschenkeln. Insgesamt gesehen hatte Peter das nicht mehr auf dem Schirm, dass es damals *so* anstrengend war. Und auf dem besonders ekelhaft anstrengenden Teilstück von Vernazza nach Corniglia, wo es über grob gehauene Steintreppen ganze 208 Meter *nur* bergauf geht, japste Peter dann auch nach hinten zu seinem Sohn: »Das kam mir vor 20 Jahren irgendwie alles leichter vor. Ob die hier wohl den Weg so steil nach oben verlegt haben?«

»Schätze, nein«, hörte er Joshua munter sagen, und während er zusehen musste, wie sein eigener Sohn ebenfalls mit Rucksack bepackt leichten Fußes an ihm vorbeihüpfte, stellte dieser noch mal gnadenlos fest: »Du warst dreißig und einfach fitter als heute.«

»Ich …«, japste Peter und dann wollte er seinem Sohn klarmachen, dass das so ja wohl überhaupt gar nicht stimmte, aber da sagte Joshua schon: »Hör mal, ich geh einfach schon ein Stück vor und warte am Ende der Treppe, okay?!«

Worauf Peter dreieinhalb schnaufende Atemzüge später witzelte: »*Ja, alles gut, passt schon!* Höhö! Lass deinen alten Herrn ruhig hier verrotten. Und sag deiner Mutter, dass ich sie sehr geliebt habe.«

»Geht klar!«, antwortete Joshua und verschwand mit gemsenartiger Leichtigkeit in dem Wanderpulk vor Peter.

Und dann musste Peter eben alleine weiterwandern. Oder was man eben so *alleine* nennt, wenn man inmitten eines Stromes von plappernden Goldsuchern wandert. Die Treppe war steil und endlos. Vor ihm ein breiter, männlicher US-Hintern in Bermudashorts, was Peter deshalb ziemlich genau wusste, also, dass das ein amerikanischer Hintern war, weil der fette Typ, der zum Hintern gehörte, unaufhörlich seinen ebenso fetten Wanderpartner in breitestem Texanisch vollquakte und andersrum der fette Wanderpartner den fetten Typen mit dem Hintern in Bermudashorts in breitestem Texanisch voll zurück. Unklar, ob da überhaupt einer von den beiden Sportsfreunden dem anderen zuhörte. Kontrastprogramm dazu lief hinter Peter. Da hatten sich nämlich zur Abwechslung jetzt mal zwei Chinesinnen ins Feld geschoben. Also, Peter nahm an, dass es Chinesinnen waren. Wissen konnte er das natürlich nicht. Die Sprache war ihm fremd, die Kultur, die Mentalität dieser Menschen ... alles fremd. Alles, was er wusste, war, dass ihm diese beiden China-Ladys konkret mit ihrem scheinbar konsonantfreien Singsang tierisch auf die Nerven gingen. Vor ihm die beiden plärrenden Cowboys, hinter ihm die China-Girls. Das war wie der Quattro-Sound aus Countrymusik und Mandaringesang. Voll multikulti. Regelrechte World Music, die er allgemein *noch* weniger leiden konnte als, als, als ...

... und während er noch verbissen darüber nachdachte, welche Musikform er nach World Music am *zweit*allermeisten hasste, tippte ihm jemand von hinten auf die Schulter. Er drehte sich um und da sah er, wie eine der Chinesinnen ihm lächelnd ein gefundenes Portemonnaie vor die Nase hielt.

»What?«, machte unser Sprachgenie und dann peilte er auch, dass die beiden Damen irrtümlich annahmen, dass ihm das Portemonnaie gehöre.

Aber da, voll der Sherlock Holmes, bemerkte er den Zipfel eines 100-Dollar-Scheines, der aus dem Portemonnaie lugte. Er zählte eins und eins zusammen und prüfte seine Annahme mit einem Blick nach vorn auf den prallen US-Hintern in Bermudashorts. Und richtig! Dort, wo vor Kurzem noch eine kantige Beule zu sehen war, sah man nun nichts weiter als die gleichmäßig üppige Rundung einer US-Pohälfte.

»Äääää…ä….ä…ä…«, switchte Peter wieder voll auf englischsprachig um, tippte auf die Schulter des quakenden Bermudashorts-Fritzen und weiter: »…ä…ä… excuse me, Mister!«

Der *Mister* und sein Kumpel drehten sich fragend um, und weil dem Peter spontan die Worte fehlten, um sein Anliegen zu erläutern, zeigte er einfach auf das verloren gegangene US-Portemonnaie in den Händen der lächelnden Chinesin. Der Bermuda-Held stutzte, erkannte mit einem ins Leere gehenden Griff an sein Hinterteil, dass die prall gefüllte Geldbörse seine war. Was alle sofort verstanden, weshalb die China-Lady das Portemonnaie dem Peter überreichte, und dieser gab es dem Bermuda-Man und alle freuten sich wie bescheuert, was schön war und …

… am Ende schämte sich Peter so, weil er ja ein paar steile Treppenstufen zuvor noch so schlecht über die wirklich netten Menschen vor und hinter ihm gedacht hatte. … *Peter Bauer: Lockruf der Doofheit!*

Oben angekommen brannten ihm nach einem unendlich langen Marsch Lunge und Oberschenkel. Höflich verabschiedete er sich von den Asiatinnen und den beiden Cowboys und verließ den Track … auf der Suche nach seinem Sohn.

Ein paar Meter abseits vom Wanderstrom fand er ihn schließlich. Wohl ausgeruht hockte er da auf einer Holzbank und nahm die Umwelt mittels Handy, auf das er glotzte, nicht wahr.

»Hallo, Sohn!«, machte Peter auf sich aufmerksam und gerade, als er sich erschöpft neben ihn auf die Bank werfen wollte, sprang Joshua wieder auf und sagte: »Okay! Von mir aus kann's weitergehen.«

Und dann ging es halt weiter. Weil die Blöße wollte Peter sich nun nicht geben, dass er seinem Sohn zeigte, wie fertig er jetzt schon war – nach knapp der Hälfte der Strecke. Er folgte seinem Sohn zurück in den Track und sie wanderten stumm weiter und …

… so weiter und so fort, bis sie nach unzähligen weiteren Treppen rauf und wieder runter am Ziel angekommen waren: Riomaggiore! Das letzte Dorf in der Fünferkette! Auch sehr schön verwinkelt, bunt, malerisch und das alles, aber wie der Rest der Cinque Terre: knüppelvoll mit Menschen aus aller Welt.

Unten am kleinen Hafen setzte Peter sich endfertig einfach auf ein umgedrehtes Fischerboot und zog die Wanderschuhe aus.

»Ganz schön fertig, was?«, bemerkte Joshua.

»Quatsch. Es sind die neuen Wanderschuhe. Hätte sie vorher einlaufen sollen«, erwiderte Peter *leicht* gereizt.

»Verstehe!«, seufzte Joshua, holte sein Handy raus und guckte was nach.

»Sag mal, Joshi, geht das vielleicht auch mal fünf Minuten ohne das Ding? Das nervt!«

Joshua guckte Peter überrascht an, überlegte kurz, schaltete sein Handy dann aber demonstrativ aus, steckte es wieder weg und seufzte gelangweilt: »Und jetzt?«

»Wir könnten uns zur Abwechslung mal unterhalten? Ist schon ein bisschen was her, das letzte Gespräch.«

»Du warst im Gefängnis. Wann hätten wir uns unterhalten sollen?«

»Sehr witzig! Ich meine, allgemein.«

»Wie – *allgemein*?«

»*Allgemein* halt! Du hast beispielsweise den ganzen Weg über keinen Ton gesagt.«

Und da glotzte Joshua Peter verständnislos an und meinte: »Du warst mit Atmen beschäftigt. Schon vergessen?«

»War ich nicht!«, log Peter.

»Warst du wohl! Aber ist ja auch echt egal«, meinte Joshua noch mal und dann direkt hinterher: »Gibst du mir jetzt bitte die fünfzehn Euro zurück? Ich möchte mir was zu trinken kaufen.«

Und da fühlte sich Peter schon wieder überrumpelt, weil er, der Vater, es sein wollte, der Diskussionen einfach abbricht, nicht sein Sohn. Weshalb er überlegte und ...

... und weil ihm auf die Schnelle nichts Passenderes einfiel, fummelte er gleich 20 Euro aus seiner kleinen Trekkingbörse und sagte so von oben herab: »Eigentlich sind wir ja zusammen gewandert. Macht nach meiner Rechnung sieben Euro fünfzig. Aber weißt du was, Sohn. Nimm die zwanzig. Geld scheint dir ja doch wichtiger zu sein als eine Unterhaltung mit deinem alten Herrn, nicht wahr?!«

Und jetzt musst du mir glauben, dass Peter Bauer das nicht so bescheuert meinte, wie es rauskam. Er wollte seinen Joshi eigentlich nur ein bisschen provozieren, ihn aus der Reserve locken, wenn du verstehst, was ich meine. Falls nein, auch kein Ding, da hast du was mit unserem Helden Joshua gemeinsam. Der verstand seinen Vater nämlich **überhaupt** nicht mehr und haute raus: »Wenn du mich so fragst: Ja, ist es ... *Vater!*« Dann schnappte er sich den Geldschein und sagte: »Wir sehen uns in Monterosso. Ich fahr jetzt mit der Bahn zurück.«

Und da saß der Peter maximal perplex auf dem umgedrehten Boot herum und schaute seinem Sohn hinterher. Ihn zurückrufen mochte er jetzt auch nicht. Das wäre ihm vor der ganzen Touristenmeute hier zu peinlich gewesen. Und Hinterherrennen war grad keine Option. Ohne jegliche Energie und barfuß schon mal gar nicht. Und dann aber, wieder voll der alte Sozpäd, atmete er im Antiaggressionsmodus von zehn auf null runter und sagte sich: *Was soll's! Der Junge ist alt genug und kann allein mit der Bahn zurückfahren. Man muss entspannt bleiben.*

Und dann entschied Peter, sich ganz entspannt vor einem der Straßencafés ein Bierchen zu genehmigen, bevor er dann selber mit der Bahn zurückfahren würde. Entscheidung getroffen, Bier getrunken und da …

… blieb am Ende auch nur das klitzekleine Problemchen, dass Peter das getrunkene Bier nicht zahlen konnte, weil: Die 20 Euro aus seiner Trekkingbörse, die er seinem Sohn in die Hand gedrückt hatte? Das war sein letztes Geld … *gewesen!* Unbarmherzigstes Plusquamperfekt, weil der Kellner war *not amused!* … was rede ich?! Regelrecht *arrabbiata* war der.

8

Joshua stand auf dem Bahnsteig von Riomaggiore und wartete in der prallen Sonne auf den Zug nach Monterosso. 15:28 Uhr war es und er stand im Abschnitt C.

Joshuas Ärger über seinen Vater war im Großen und Ganzen verflogen. Und nun hatte er selbst so eine kleine Vermutung, dass er vielleicht ein bisschen überreagiert hatte, als er ihn da doof hat sitzen lassen. Aber, meine Güte, was bildete der Herr Vater sich auch ein, wenn er mit einem Geldschein vor ihm herumwedelte wie mit einem Leckerli vor einem Hund? Ja klar hatte sein Vater finanzielle Macht über ihn. Dass er die auch noch ausspielte, war lächerlich. Und überhaupt mal: Er konnte so lange und so oft auf sein Handy glotzen, wie er wollte. Er hatte schließlich Urlaub ... und gute Gründe außerdem. *Rein zufällig* hatte er den Instagram-Account von dieser Mathilda Frey entdeckt. Er selber hatte da auch ein Konto, aber wenig Interesse, überhaupt was zu posten. So ganz anders *Insta-Queen* Mathilda. Durch unzählige Bilder, Filmclips und Beiträge zum Thema Umweltzerstörung und Weltrettung konnte man sich auf ihrem Konto durchwischen. Und wie Nils schon gesagt hatte: Sie war auf Instagram tatsächlich eine große Nummer. Im Vergleich zu Joshua jedenfalls. Sie hatte – unterm Strich gesehen – 3846 mehr Abonnenten als er mit seinen ganzen vier. Seine drei Kumpels Fabian, José und Leo und die vierte war seine große Schwester Sarah. Und die zählte nicht wirklich, weil die hatte ihr Brüderchen eh auf stumm geschaltet.

15:29 Uhr! Und Joshua stand witzigerweise auf dem Bahnsteig im Abschnitt C, und während dann auch schon der Zug nach Monterosso einfuhr, war der Ärger über seinen Vater ganz verflogen, weil er da nämlich wieder an Mathilda und ihre drei Endfollower denken musste, die ihn einfach so haben sitzen lassen. – Da steckt man ja selber oft gar nicht so drin, warum und wieso man reagiert, wie man reagiert. Aber ich sag dir eins: Dass Joshua seinen Vater auf dem umgedrehten Fischerboot hat sitzen lassen, hat schon auch damit zu tun gehabt, dass er sich selber *versetzt worden* fühlte.

Arschgeigen!, dachte Joshua also noch mal feinsinnig über die vier Helden nach, als der Zug nun endgültig stand. Um Punkt 15:30 Uhr öffnete sich im Abschnitt C direkt vor seiner Nase die Zugtür, und wer stand da vor ihm? – Richtig! Die *Arschgeigen*! Hauke, Nils, Gabriele und Mathilda.

»Ach, guck an! Wen haben wir denn da?«, begrüßte Hauke ihn kühl beim Einstieg.

»Wie – *wen haben wir denn da?*«, antwortete Joshua ebenfalls so kühl wie möglich, weil er sich auf gar keinen Fall anmerken lassen wollte, dass er ziemlich enttäuscht war vom *Arschgeigen-Quartett*!

»Wo warst du heute Morgen?«, fragte ihn da aber auch schon der kleine Nils König mächtig vorwurfsvoll.

Und Joshua dann wieder zurück: »Wie – *wo war ich heute*

Morgen?? Am Friedhof war ich heute Morgen. Punkt zehn Uhr dreißig. Wer nicht da war, wart ihr. So sieht's aus.«

Und da guckten sich die vier abwechselnd verwundert an und Nils dann auch noch mal: »Nicht *Fried*hof! *Bahn*hof! Da waren wir verabredet, Penner! **Fried**hof – **Bahn**hof. Unterschied!«

»*Großer* Unterschied!«, ergänzte Hauke.

»Grande differenza!«, übersetzte Gabi und Mathilda noch erbarmungslos obendrauf: »Hätten wir es dir aufmalen sollen ... Bauer?

Joshua stutzte und wusste nicht, wie er nun reagieren sollte, weil immerhin war er über Stunden ziemlich sauer auf die vier gewesen, was er aber letztendlich nur seiner eigenen Doofheit zu verdanken hatte, und ...

... da fiel dann auch alles ab von ihm und er grinste breit zurück: »Nicht nötig! Friedhof ist eh gestorben für mich. Habe da sehr wahrscheinlich Hausverbot.«

»Wie kühl ist das?! Hausverbot auf einem Friedhof! Alter Falter!«, sagte Nils anerkennend und der Hanseat Hauke bestätigte: »Sehr kühl! Aber wie das, Digger? Erzähl uns deine Geschichte.«

... und Joshua erzählte seine Geschichte. Die ganze ungefilterte, idiotische Wahrheit über zurückfedernde Grabsteinklappen und angepisste Kirchenmänner ... und den bescheuerten Streit, den er mit seinem Vater hatte, auch noch obendrauf. Seltsam war das, weil: Grundsolides Vertrauen herrschte da im Eingangsbereich des Zuges.

»Das ist ganz großes Kino! *Die Grabkammer schlägt zurück!* Mit einem Bauer in der Hauptrolle. Das gefällt!«, meinte Nils.

»Ja, urkomisch!«, stöhnte Joshua und weiter: »Und ihr so? Was habt ihr gemacht?«, und Mathilda halbernst zurück: »Während du dich vergnügt hast, haben wir gearbeitet. Wir waren in La Spezia.« Lässig ergänzte sie: »Location-Check.«

»... und shoppen«, ergänzte Hauke nicht ganz so lässig und hob die beiden riesigen Einkaufstaschen an.

»Coop supermercato! Much cheaper than in Monterosso«, erklärte Gabriele stolz, weil der sich als Einziger wirklich auskannte in der Gegend.

Und Hauke dann auch noch mal: »Gabi ist Gold wert, weißt du. So als Selbstversorger musst du schon gucken, wo du einkaufst.«

»Selbstversorger ...«, wiederholte Joshua.

»Ja, sicher! Also Mathilda und ich. Gabi natürlich nicht und der Kurze hier auch nicht. Der ist ja mit seiner Mami hier«, smilte Hauke und zeigte auf Nils.

»Sag das noch mal und ich brech dir das Genick!«, warnte ihn Nils.

»... und der Kurze hier auch nicht. Der ist ja mit seiner Mami hier«, wiederholte Hauke unbeeindruckt.

Nils überlegte sich anscheinend irgendwas, sagte dann aber schließlich bloß: »Das geht okay, *Digger!*«

Was jetzt mal keinen rechten Sinn ergab, und Joshua überraschte sich selbst bei dem Gedanken: *Sind Hauke und Mathilda ein Paar?*

Und Zufall oder nicht, Mathilda jedenfalls sagte zu Joshua: »Der Petersen hier und ich haben unsere Zelte in der Bucht hinter Monterosso aufgeschlagen. Komm heute Abend vorbei« – und grinsend hinterher: »… wenn Vati und Mutti dir es erlauben, versteht sich.«

Zelte! Mehrzahl also! Kein Paar vermutlich, kombinierte Joshua scharfsinnig.

»Klar darf ich. Sind ja Ferien«, antwortete Joshua … ein bisschen sehr uncool, wie ihm tatsächlich selbst auffiel, weil – Herr im Himmel – *sind ja Ferien*, wie muttersöhnchenmäßig war das?! Mathilda, Hauke, Gabi und vermutlich selbst Nils konnten hier vermutlich durchzaubern bis zum Morgengrauen, wenn sie wollten.

»Fein, fein!«, ging Hauke aber locker über den Lapsus hinweg. Und weiter: »Du kommst um acht und dann gibt es lecker Essen!«

Acht ist schlecht, dachte Joshua, *da wollten meine Eltern mit mir essen gehen*, und dann – erneute Überraschung für ihn selbst – antwortete er: »Kein Thema! Werde da sein.«

Für Peter Bauer war der Rückweg nicht ganz so geschmeidig. Aus der Bar hatten sie den alten Zechpreller geworfen und dann musste er mangels Kleingeld für ein Zugticket den ganzen Weg von Riomaggiore nach Monterosso zurückgelaufen. Und *ver*laufen hatte er sich auch noch mal ordentlich. Auf der Höhe von Vernazza war das. Da ist er einmal falsch abgebogen. Immer weiter und steiler und steiniger führte der Weg rauf

ins Nichts, weil der Weg aufgehört hatte zu sein ... mitten im Wald. Doch das tapfere Peterle ist trotzdem noch weiter hochgekraxelt und -gestolpert und dann ...
... stand er auf einmal vor einem mit Muscheln verzierten, alten Brunnen, dessen Wasserquelle der Mund einer bärtigen Steinfratze war. Das Brunnenbecken, wie aus einem Fels gehauen, war voll mit frischem, klarem Wasser, und weil dem sonnengetoasteten Peter vor lauter Anstrengung die Birne glühte, tauchte er sie einmal komplett dort ein. Was für eine Erfrischung! Und was für ein besonderer Ort! Nachdem er seine Wanderflasche noch mal vollkommen kostenfrei aufgefüllt hatte, folgte er einer baumumsäumten Allee. Und nach ein paar Metern entdeckte er diese Statue. Eine Madonna, die so zärtlich und so sinnlich auf ihn herabschaute, dass Peter kaum glauben konnte, dass die jemand mit Hammer und Meißel aus dem Marmor gekloppt haben soll. Was für ein friedlicher Moment. Dankbarkeit erfüllte ihn. Wobei er jetzt nicht mal genau hätte sagen können, bei wem er sich hier hätte bedanken sollen. Mit dem Glauben hatte der Peter es nicht so. Aber wurscht dieses Mal. Dankbarkeit war's und Stille auch. Vielleicht war es das, was diesen Ort so besonders machte. Die Stille fernab des Touristenstroms rund 300 Meter unter ihm an der Küste. Kein Geplapper, kein nerviges Geknatter von diesen dreirädrigen Motorlastenrollern. Der Grundsound hier war das Plätschern eines Brunnens, Grillenzirpen und das sanfte Blätterrascheln in den Baumkronen und ... »**Carl Maria! Komm da sofort wieder runter!**« ... die Rufe eines genervten Familienvaters.

Stimme und Namen kannte Peter natürlich, und so verabschiedete er sich von seiner Madonna, ging neugierig weiter und da sah er die beiden auch schon. Auf der Lichtung vor einem rosafarbenen, alten Kirchengebäude: den bildungsbürgerlichen Vater mit Strohhut auf und am Rand des Platzes den höchstbegabten Carl Maria. Kletternderweise auf einer lebensgroßen Josefstatue mit Jesuskind auf dem Arm. Was der kleine Carl Maria da oben verloren hatte, schwer zu sagen. Sagen kann ich, dass er sich mit seiner rechten Hand an dem erhobenen Ärmchen vom Christuskind festklammerte ... was ein Fehler war!
– *Knack* machte das Ärmchen vom Jesuskind und im nächsten Moment lag Carl Maria vor der Statue herum. Mit dem Unterarm vom Jesuskind in der rechten Hand.

»Öhö, öhö«, machte Peter nun auf sich aufmerksam. Erschrocken wirbelten die Köpfe von Vater und Sohn herum und beide starrten ihn an. Voll erwischt! Stillleben – nichts dagegen!

»Was ist los, Holger? Warum brüllst du hier rum wie … …«, fragte die Frau Gemahlin des verstummten Gatten, die im nächsten Moment mit Tochter Lea-Sophie um die Ecke der Kapelle gelaufen kam. Beide erfassten die Szene, die sich ihnen bot: Carl Maria mit Ärmchen in der Hand vor Statue von Josef und Jesuskind mit nur noch einem Arm. Vater Holger davor. Und hinter beiden: Der einzige Zeuge – Peter Bauer! … Stillleben Numero due!

»Ich … ich … ich kann das erklä…«, stotterte Carl Maria den Peter an und Vater Holger aber streng zu ihm: »Schweig still, Kind!«

Die Frau, die Tochter, Holger und auch der kleine Carl Maria standen nun dicht beisammen und alle miteinander starrten Peter an.

Und der spürte eine große Macht in sich. Er war der Richter und der Henker! In einer Person! Er brauchte nur zum Handy greifen und die Polizei anrufen, die Sachbeschädigung melden und …

… da dachte er wieder an den friedvollen Moment, den er zuvor zwischen Brunnen und der Madonna hinten am Eingang erlebt hatte. Er sah zu der Statue von Josef mit Jesuskind rüber, die vermutlich von denselben göttlichen Händen aus dem Marmor herausgestreichelt worden war wie die sinnliche

Madonna. Dann wanderte sein Blick zurück zu der Akademikerfamilie aus Göttingen und ...

... Peter Bauer überraschte sich vermutlich selbst am allermeisten aller Anwesenden mit den Worten: »Shit happens!«

Dann nickte er dem Holger und seiner Frau freundlich zu, drehte sich um, ging los und ließ die Göttinger dort einfach stehen. – Stillleben Numero tre.

9

»Aber nun lass ihn doch, wenn er will. Sind ja Ferien!«, meinte Joshuas Mutter zu seinem Vater und der überlegte irgendwas und brummelte schließlich: »Ja, okay, aber um zehn bist du wieder zu Hause!«

Und ich sag dir: Dass Peter Bauer am frühen Abend so schnell nachgegeben hat, hatte garantiert auch damit zu tun, dass er zu kraftlos war, um zu widersprechen. Fix und alle also war der Peter nach dem langen Marsch zurück, und möglich, dass sein Sohn die Schwäche witterte, weshalb der nun feilschte: »Sagen wir, elf!«

»Halb elf!«, atmete Peter müde aus.

»Viertel vor el…«, hielt Joshua hartnäckig dagegen, aber seine Mutter hämmerte dazwischen: »Halb elf und keine Minute später!«

Was Joshua schon etwas nervte, dass seine Eltern ihm Heimkommzeiten vorschrieben, als sei er gerade mal elf oder so.

Was glauben die eigentlich, was ich hier anstellen könnte?, fragte er sich nun auf dem Weg zu der kleinen Bucht und …

… so im Nachhinein würde ich persönlich antworten: eine Menge! Nein, falsch: die *größtmögliche* Menge, die ein Knabe in seinem Alter in Verbindung mit vier weiteren, sympathischen Spinnern überhaupt anstellen kann.

Egal erst mal! Darauf komme ich später zurück. Ganz sicher! – Jetzt aber: Treffen in der Bucht! Am Rande von Monterosso, gleich hinter einem noblen Privatresort, fand Joshua die Bucht, in der Mathilda und Hauke ihre Zelte aufgeschlagen hatten. Sein erster Gedanke war, dass Monterosso vielleicht mal überall so ruhig und romantisch gewesen sein muss wie hier an diesem meeresbeplätscherten Randfleck, weit weg von allem. Jedenfalls lagen seine Eltern ihm und natürlich seiner Schwester Sarah mit ihren Schwärmereien für diesen Ort öfter mal in den Ohren. Und da kam ihm der Gedanke, dass die vielleicht auch nur so eine bestimmte Sehnsucht nach der Vergangenheit hatten. Weil sie da sehr viel jünger gewesen waren, als sie es heute sind. Glücklicher vielleicht auch. Und schwer verliebt ineinander. Und vielleicht hatten sie vor über 20 Jahren exakt hier in dieser einsamen Bucht gelegen und Sarah gezeugt. Zeitlich passte es jedenfalls, und …

… als Joshua jetzt das kleine Lager erreichte, war er, ohne es zu wollen, gedanklich beim Geschlechtsverkehr seiner Eltern angelangt und …

… schüttelte diese Bilder heftigst und so schnell wie möglich wieder ab. *Nicht schön, die Vorstellung!*

Mathilda, Hauke und Nils saßen in Schneidersitzen im Sand um eine verwitterte Holzpalette herum, die jetzt ein Tisch mit Kerze drauf war, und ließen sich von Gabi bedienen. Und der sah Joshua auch als Erster und begrüßte ihn mit: »Ciao, Amico!«

Die anderen drehten sich dann auch zu ihm um. Nils haute raus: »Der Neue ist zu spät! Dafür muss er die Pappteller spülen, den Strand fegen, für uns tanzen und singen, uns allgemein gefällig sein und …«

»Wo stellt man es bloß ab?«, stöhnte Hauke und drückte versuchsweise mal auf die linke, mal auf die rechte Brustwarze von Nils. Der plapperte aber natürlich einfach weiter und hörte auch erst dann auf, als Mathilda ihm einen leichten Klaps auf den Hinterkopf gab.

»Ach, so geht das?!«, stellte Hauke fest, und Mathilda befahl Joshua, sich zu setzen. Joshua gehorchte und dann servierte Gabi auch schon das Gericht, das er nur mithilfe eines Topfes über dem mickrigen Campingkocher und einer Bratpfanne über dem offenen Feuer gezaubert hatte: *Penne all'arrabbiata* – die zornigen Nudeln also! Der Never-ending-Gag seines Vater und eine Offenbarung für Joshua. Hauke hatte nicht untertrieben, als er am Nachmittag gesagt hatte, dass es *lecker Essen* geben würde. Es war das köstlichste Nudelgericht, das Joshua je gegessen hatte. Und überhaupt muss man sagen, dass Joshua es sehr genoss, inmitten dieser leicht angetickten Runde zu sitzen. Was daran lag, dass nach dem Essen nicht nur diese idiotische Mission Thema war. Bei dem ein oder anderen Becher Lambrusco plauderten sie locker über alles Mögliche, was die fünf gerade so beschäftigte. Sport, Spiele, Filme, Serien, Bücher … Kram. Und als noch später die Sonne spektakulär im Meer versank und die Sterne gestochen scharf am Nachthimmel leuchteten, war das Universum auch noch mal Thema …

»… der Weltraum. Unendliche Weiten!«, zitierte Hauke mit extratiefer Stimme den Prolog der Uraltserie *Raumschiff Enterprise*, die aber niemand außer ihm kannte, und …

… nur mal so für den Fall, dass dir das auch nichts sagt:

Raumschiff Enterprise flackerte zum ersten Mal in den Sechzigerjahren des letzten Jahrhunderts über die Bildschirme. Und exakt, wie es in dem Vorspann weiter hieß, ging es alles in allem darum, fremde Galaxien zu erforschen, neues Leben und neue Zivilisationen. Viele Lichtjahre von der Erde entfernt drang die Enterprise dabei in Galaxien vor, die nie ein Mensch zuvor gesehen hatte … also gesehen haben würde. Amtliches Konjunktiv II hier natürlich, weil Science-Fiction alles.

Das hat der Hauke der Mathilda, dem Nils, dem Joshua und dem Gabi auch alles noch mal erklärt und zum Schluss seufzte er: »… und das Faszinierendste von allem: Im *Real Life* hat die Menschheit es tatsächlich geschafft, Raumsonden in die Tiefe des Weltraums zu entsenden. *Voyager I* heißt die eine. Vor Jahren hat sie den interstellaren Raum erreicht.«

»What?«, fragte Nils nach.

»Die Grenze unseres Sonnensystems«, wusste Joshua zufällig.

»Faszinierend, ja, das ist es!«, meinte dann auch Mathilda sehr beeindruckt. »Grenzen durchbrechen! Darum geht's! Das Unmögliche möglich machen! Das ist wie bei uns. Alles, was wir brauchen, ist eine Voyager!«

»Eine Raumsonde?!«, stellte Nils sich extra doof, weil war ja klar, worauf Mathilda anspielte. Ein Schiff musste her. Eine Jacht, mit der sie die Mission endlich starten konnten, und ...

... exakt in dem Moment hörten sie vom Westen her das Tuckern eines Schiffsmotors. Also den Hilfsmotor einer Segeljacht, um genau zu sein. Langsam manövrierte sie hell erleuchtet durch die Nacht um die westliche Landzunge herum. Mit eingeholten Segeln steuerte sie auf die Küste vor Monterosso zu, wo sie auch vor Anker ging. Reges Treiben herrschte während des Festmachens der Jacht auf dem beleuchteten Oberdeck. Leute, die Dinge hin und her trugen und mit Seilen und Kram beschäftigt waren. Drei, vielleicht auch vier Mann. Unklar.

»... das ist sie! Unsere Voyager!«, hauchte Mathilda.

»Castrop-Rauxel!«, sagte Nils mit Fernglas im Gesicht.

»Wie – *Castrop-Rauxel!?*«, fragte Mathilda nach.

»Die Jacht da. Die heißt *Castrop-Rauxel*. Am Bug steht's.«, klärte Nils auf.

»Absurd!«, urteilte Hauke.

»What is the meaning of *Kass-troppe Raukzäle?*«, fragte Gabi.

»Metropole im Ruhrgebiet«, witzelte Joshua rum und da ...

... bimmelte der Handywecker in seiner Hose – 22:25 Uhr. Er holte sein Handy raus, beendete den Alarm und sagte in die Runde: »Ist gleich halb elf. Ich muss los.«

»Wie – *Ich muss los?* Was soll das heißen – *Ich muss los?*«, hakte da auch gleich Nils unbarmherzig nach.

»Soll heißen, ich muss los!«, wiederholte Joshua und stand auf.

»Sonst kriegt er Ärger mit Mutti und Vati?«, grinste Mathilda.

»Sag das nicht immer. Ich mag das nicht! Und außerdem ist das Quatsch. Ich krieg keinen Ärger«, behauptete Joshua kühn.

»Na dann?!«, meinte Hauke und Gabi schüttete ihm ungefragt noch etwas Lambrusco in seinen Becher.

Da guckte Joshua in die abwartenden Gesichter seiner neuen Freunde, seufzte kurz auf, setzte sich wieder hin, nahm den Becher, hielt ihn hoch und prostete: »Auf die *Castrop-Rauxel*!«

10

Ärger gab's! War ja klar! Man kann einfach nicht so eine runde Stunde länger bleiben als vereinbart und dann *keinen* Ärger kriegen. Da stehen Eltern ja auch in der Pflicht. Das ist wie ein Elfmeter beim Fußball. Den **muss** man reinmachen!

»Na, der kann was erleben, wenn der nach Hause kommt!«, hatte Peter Bauer noch gegen halb zwölf seinen Spruch abgespult, bevor er sein Buch von Jack London wieder vom Nachttisch schnappte und die Seite mit dem Eselsohr aufschlug. Also direkt Romananfang, weil besonders weit war er mit *Ruf der Wildnis* nicht gekommen.

Und weil die Barbara einfach nur kerzengrade im Doppelbett neben ihm saß und stumm eine Modezeitschrift anstarrte, klappte er das Buch gleich wieder zu. Entspanntes Lesen war ja so auch nicht möglich und ... da hörten sie beide, wie vorn in der Küche die Haustür aufging und Joshua reingestolpert kam.

»Na, der kann was erleben!«, wiederholte Barbara nun hörbar erleichtert, beide Elternteile sprangen auf und dann erlebte Joshua was. Ärger halt, der aber alles in allem weniger stark ausfiel, als Joshua ihn selbst berechnet hatte. Richtig bescheuert war eigentlich nur der nächste Morgen. Besser gesagt: Joshuas bescheuerter Vater ... der Racheengel!

»**Willst du auch einen Kaffee?**«, brüllte Peter Bauer nämlich am nächsten Morgen so gegen sieben irre gut gelaunt den Joshua auf seinem Schlafsofa an.

»Nein danke ... willnochschlafen«, murmelte Joshua und Peter aber stur weiter: »**Mit oder ohne Milch?**«

»Grmpf ... mit!aberspäter-jetztnocheinbisschenschlafenbitte«, nuschelte Joshua sich noch einen zusammen und Peter wieder blendend: »**Mit Milch also. Zückerchen dazu?**«

Und da wusste Joshua, dass sein endsarkastischer Vater ihn auf gar keinen Fall länger schlafen lassen würde. Dabei war er wirklich müde und ganz leicht verkatert von dem Lambrusco, von dem er seiner eigenen Einschätzung nach ein halbes Glas zu viel getrunken hatte – mindestens!

Und so kauerte Joshua wenig später extrem fertig mit einem Becher Kaffee in den Händen zusammen mit seinem Vater am kleinen Küchentisch und wünschte sich, dass man ihn bitte wieder ins Gefängnis stecken möge.

»**Zu stark?**«, brüllte der ihm jetzt wieder ins Ohr und Joshua stöhnte nach drei, vier glasig trüben Augenblicken: »Alles gut ... passt schon!«

Worauf Joshuas Vater einmal kurz und irre auflachte, und bevor der dann noch irgendwas sagen konnte, kam auch schon Lady Bauer die drei Stufen aus dem Schlafzimmer in die Wohnküche geschlurft und knurrte: »Warum seid ihr so?«

»Warum seid ihr *wie* so?«, fragte ihr Mann.

»… laut!«, stöhnte sie.

»Hä?«, fragte Joshua komplett verständnislos und komplett verständnislos erklärte er weiter: »*Papa* ist laut! Ich hab überhaupt gar nix gesagt!«

»Hat er wohl!«, grinste der dämlich und zitierte seinen Sohn mit einem irren Gegluckse: »Das Worte-Quartett: *Alles-gut-Passt-schon!*«

Joshua und seine Mutter sahen Peter Bauer müde und leer an. Barbara Bauer sparte sich jeden Kommentar und machte sich dann selbst auch einen Kaffee.

Später, als alle Bauers wirklich wach waren – also mindestens zwei Stunden später besprachen sie, was sie an diesem Tag Schönes machen wollten. Meint: Barbara und Peter Bauer besprachen und Joshua hörte nur halb zu, weil er noch mal seine Nachrichten aus Portugal checken musste. Du weißt schon: die von seinen Kumpels Fabian, José und Leo. Was ihm gleichzeitig auch schon wieder ziemlich auf den Sack ging, als er die Selfies und die Clips sah, die alle irgendwie nur eine Botschaft vermittelten: Hier sind richtig hohe Wellen, wir haben viel Spaß und du bist nicht dabei.

»Arschlöcher!«, rutschte es Joshua heraus und seine Eltern unterbrachen ihr Gespräch und guckten ihren Sohn fragend an.

»… was?!«, sagte der, peilte dann aber auch das Missverständnis und klärte mit hochgehaltenem Handy auf: »Fabian, José und Leo. Meine drei besten Freunden, mit denen ich **nicht** nach Portugal fliegen durfte.«

Da rollten die Bauer-Eltern aber auch nur leicht genervt die Augen und teilten ihrem Sohn ihr einstimmiges Tagesprogrammergebnis mit: Tagestour nach La Spezia! Shoppen und gucken!

Joshua stutzte, wackelte darauf albern und ungelenk mit beiden Fäusten vor gespielter Aufregung , jauchzte: »**La Spezia! Meeega!**« … und fragte naht- und tonlos hinterher: »Muss ich da mit?«

Beide Elternteile stöhnten und Barbara antwortete: »Nein, musst du natürlich nicht. War nur ein freundliches Angebot!«

»… welches ich leider ablehnen muss. Bin eh mit meinen Leuten verabredet.«

Was jetzt nicht gelogen war, aber gestimmt hat es so auch nicht. Joshua und *seine* Leute hatten gar nichts ausgemacht. Nur, dass man sich sehen würde. Wo und wann – unklar.

»Jetzt sind es also schon *deine* Leute«, wiederholte Peter Bauer ironisch. »Und? War teuer oder Schnäppchen?«

»Peter, lass es!«, meinte Barbara.

»Umsonst! Weil ich ein cooler Typ bin!«, antwortete Joshua ihm aber und trat dann noch mal ordentlich nach: »Habe gehört, dass andere Typen auch schon mal in den Bau wandern, wenn sie neue Leute kennenlernen.«

BAM! Das saß. Peter grinste gequält, sagte aber nichts mehr. Und dann machten die beiden Bauers sich eh fertig für die

Tagestour, ließen Joshua zwanzig Euro für Verpflegung da und machten sich auf den Weg zum Bahnhof. Die Zugverbindung *Monterosso – La Spezia* ist halt wirklich genial günstig und schnell. Da bist du ratzfatz in 20 Minuten da. Und ...

... dann kannst du eigentlich auch wieder – ratzfatz – den Zug umdrehen und zurückfahren, weil La Spezia ist nicht Mailand oder Rom. Es ist einfach nicht besonders interessant.

Der Tagesausflug der Bauers hatte folglich 0 (in Worten: NULL) Höhepunkte, dafür aber mindestens zwei Tiefpunkte exklusiv für Held Peter.

Tiefpunkt numero uno: Peter wartete vor einem Schuhgeschäft, in dem seine Frau gefühlte drei Stunden keine Schuhe fand. Er glotzte gelangweilt den Leuten nach, die an ihm vorüberflanierten, und da – plötzlich – entdeckte er auf der gegenüberliegenden Seite der Fußgängerzone diesen Clown. Einen *weißen* Clown, der in praller Sonne auf seinem Klappstuhl saß ... mit Luftballonwürstchenwesen in der Hand und Adidaslatschen an den Füßen. Und wenn da jetzt bei dir was klingelt, dann ist das kein Tinnitus, sondern deine ganz normale Höchstbegabung, sich Dinge gut merken zu können, weil: klar! In dem weißen Clownskostüm steckte derselbe traurige Mann, dem Joshua auch schon begegnet ist. Am ersten Tag in Monterosso. Und da hatte ich ja auch schon angedeutet, dass das irgendwie bei den Bauers in den Genen steckt, dass die Clowns einfach nicht ausstehen können. Zu albern, zu trottlig, zu viel gewollte Doofheit in einer Person. Steigerung: weiße Clowns!

»Iiih, ein weißer Clown«, hörte Peter Barbara sich hinter seinem Rücken ekeln, die zufälligerweise exakt in dem Moment aus dem Schuhladen kam – *ohne* neue Schuhe, versteht sich.

»Ja, der unwitzige Antichrist!«, bestätigte Peter amüsiert.

Und möglich, dass der traurige Mann im weißen Clownskostüm gespürt hat, dass von ihm die Rede war, jedenfalls blickte er zu Peter Bauer herüber und lächelte ihn freundlich an ...

... bevor er seinen Blick abwandte und wieder in seiner Traurigkeit versank.

Und jetzt weiß ich nicht genau, wie ich das beschreiben soll, *wie* jämmerlich Peter sich da fühlte. ... *sehr!* Und da schob ihn aber auch schon wieder Barbara von hinten an, weil sie weiterwollte, und so ging es eben weiter. 50 Meter vielleicht, bis Peter einfach stehen blieb, seiner Frau nur ein Handzeichen gab, dass sie kurz warten solle, und er mit gezücktem Portemonnaie zurücktaperte zu der Stelle, wo ...

... der Clown gewesen war! Denn – wieder verpufftes Plusquamperfekt – der Clown war spurlos verschwunden.

Tiefpunkt numero due: Am frühen Abend, so gegen sechs, fuhren die Bauers wieder zurück nach Monterosso. Per Bahn! Und da habe ich dir ja schon gesagt, dass die Zugverbindung wirklich top ist. 20 Minuten – und zack – bist du wieder da.

Aber jetzt es ist das ja so eine Sache mit der Zeit. Wenn nämlich was richtig übel läuft, kann aus 20 Minuten eine zähe, unendlich lang andauernde Angelegenheit werden. *Relativitätstheorie – ein Witz dagegen.*

Womit die Bauers nämlich nicht gerechnet hatten: Der Zug wird abends, so ab sechs, pro Haltestation immer voller und voller und voller. Was daran liegt, dass auch die ganzen anderen Touris wieder zurück in ihre Urlaubsquartiere wollen: Amerikaner, Chinesen, Araber, Europäer ... *alle!* Und da es witzigerweise auch keinen Schaffner gibt, der vielleicht mal 'ne Ansage machen würde, wann Schluss ist mit Einsteigen, war der komplette Zug auch an diesem Abend am Ende so dermaßen mit reiner Menschenmasse vollgequetscht, dass jetzt nicht mal der Vergleich mit der Sardinenbüchse passt, weil zu komfortabel. Für Barbara und die meisten anderen Fahrgäste war die Enge kein Ding. Ein dicker Amerikaner hat Witze über sich selbst gemacht, indem er demonstrativ versuchte, den Bauch einzuziehen. Alle haben gelacht ...

... außer Peter! Für Peter war es die amtliche Hölle! Weil Peter hat Platzangst! Und wenn du Platzangst hast, fehlt dir jeglicher Sinn für Humor! Aber da hat er sich diesmal stark zusammengerissen. Und nach einer gefühlten Unendlichkeit in der knallvollen Menschenbüchse hat er sie auch wieder mit Barbara verlassen können.

Und was jetzt mal interessant ist: Am Ende hat er geschworen, nie wieder einen Fuß in diesen Zug zu setzen. *Komme, was wolle!* – Interessant daran: In diesem Urlaub *kam, was wollte*, und Peter hielt aber Wort! Was – vernünftig eingeschätzt – ein richtig fetter Fehler war ...

... und erzählen wollte ich eigentlich nur: Peter und Barbara Bauer hatten einen echt bescheuerten Ausflugstag!

Dafür lief dieser Tag bei Joshua ganz entspannt an. Es war geradezu erholsam, die Hütte mal so ganz für sich zu haben. Die Eltern weg und Ruhe war! Wie angenehm. Er hat sich dann entschieden, doch noch mal ein kleines Nickerchen zu machen, bevor er zur Bucht runtergehen würde. Auf die alte Plastikliege, die auf der vorderen Veranda stand, wollte er sich hauen. Die Morgensonne strahlte, alles perfekt. Nur mit Shorts bekleidet und barfuß betrat er also die Veranda, zog aus purer Gewohnheit die Tür hinter sich zu und ...

... da wusste er exakt in dem Moment, als diese ins Schloss fiel, dass es ein Fehler war. Er hatte natürlich vergessen, den Schlüssel einzustecken. Der lag auf dem Küchentisch ... zusammen mit den 20 Euro und seinem Handy.

»Fuck!«, fluchte Held Joshua mal wieder in den strahlenden Morgen und dann wollte er sich aber die Laune nicht vermiesen lassen und haute sich trotzdem auf die alte Plastikliege.

Eine Spur zu dynamisch auch, weil die Rückenlehne von dem spröden Ding direkt nach hinten wegbrach.

»Why?«, lachte er leicht irre den Himmel an, worauf er natürlich keine Antwort kriegte, und dann machte er sich doch gleich auf den Weg zur Bucht ... nur in Shorts und barfuß!

Und jetzt weiß ich nicht, ob du darüber im Bilde bist. Falls nein, Folgendes: Es gibt zwei Kategorien von Menschen. Die einen haben normal gewachsene Füße, die barfuß munter über Stock und Stein hüpfen können, ohne dass bei denen auch nur irgendwas zwickt und pikst und ...

... die anderen haben einen Hohlfuß. Ohne Schuhe hüpfen die nirgendwohin. Sie hampeln, tänzeln und schleichen. Und zwar, weil kleinste Unebenheiten wie – sagen wir mal – auf einem Kiesweg fühlen sich an, als würde man über Glasscherben schlurfen. Warum ich das so genau weiß? Rate mal!

Jedenfalls: Joshua hat auch solche bescheuerten Füße und da waren die paar Hundert Meter zur Bucht die Hölle. Und als er

nach elendig langer Zeit über Kopfsteinpflaster und einem groben Schotterweg am Zeltlager angekommen war, war keiner da. Hauke nicht, Mathilda nicht und Schreihals Nils und Gabi auch nicht. Aber die Zelte standen. Und weil Joshua wirklich noch etwas durch den Wind war und eh wenig Bock hatte, die Folterstrecke gleich wieder zurückzuhampeln, beschloss er, sich aus einem der Zelte eine Isomatte zu borgen und sich damit an den Kiesstrand zu legen. Da hatte er aber schon ein wenig Hemmungen, einfach so in eins der Igluzelte zu kriechen, weil ist ja doch auch sehr persönlich. Man spaziert ja auch nicht einfach so ungefragt in fremde Wohnungen rein.

Joshua haderte also, dann entschied er aber, in das Zelt von Hauke einzusteigen, auch wenn er jetzt nicht hundertprozentig wusste, welches von den beiden Zelten das war. Aber er tippte ganz klar auf das linke grüne Zelt mit Tarnmuster. Das rosafarbene gehörte ja doch wohl eher Mathilda und ...

... falsch getippt! Das Armeezelt war ganz offensichtlich Mathildas. Es sei denn, dass Hauke heimlich den Bikini trug, der hier von der Zeltdecke baumelte. Oder dass Hauke aus Gründen, die man nicht wissen will, Tampons sammelte, die direkt vor dem Eingang verstreut rumlagen. Und gerade, als Joshua das Zelt auch schon wieder verlassen wollte, fiel sein Blick auf etwas, das in der Mitte vom Zelt auf dem verknüllten Schlafsack offen herumlag. Ein Notizbuch. Auf der linken Seite, die er sehen konnte, stand etwas notiert, auf der rechten war eine Bleistiftskizze von einem Typen mit Ringelshirt, Shorts und Surfbrett. Der Typ war er selbst. Das erkannte er auf Anhieb.

Und da **musst** du mir jetzt glauben: Joshua hat wirklich noch einen halben Moment lang gezögert und überlegt, ob er diese intime Grenze wirklich überschreiten durfte, und ...

... *dann* erst hat er sich das Notizbuch geschnappt und gelesen, was auf der linken Seite geschrieben stand:

Joshua heißt der Typ: sportlich, guter Charakter
... und etwas schlicht gestrickt. Aber das sind die Jungs ja alle irgendwie!

Was für eine ... Kuh?!, dachte Joshua ein klein wenig eingeschnappt und da rang er wieder mit sich, ob er denn noch weitere höchst private Einträge dieser Mathilda Frey lesen sollte, weil hätte ja sein können, dass er noch öfter Schwerpunktthema Nummer eins war und ...

... dann machte er stichprobenartig sozusagen per Daumenkino eine Zufallsauswahl und landete auf einer Seite, die definitiv nichts mit ihm zu tun hatte.

Ein Gedicht hatte sie da notiert. Von einem Lyriker namens Rainer Maria Rilke. Den kannte Joshua nur so vage, aber er erinnerte sich, dass der auch schon mal im Deutschunterricht Thema war. Was genau sie von ihm damals in der Achten lesen und bis in die letzte Silbe gnadenlos sezieren mussten, daran konnte er sich wiederum nicht erinnern. Das Gedicht in Mathildas Tagebuch war es jedenfalls nicht. *Der Panther* hieß es und es war ...

... *zum Heulen schön*, dachte Joshua ergriffen, als er es vollständig gelesen hatte.

Der Panther

von Rainer Maria Rilke

Sein Blick ist vom Vorübergehn der Stäbe
so müd geworden, daß er nichts mehr hält.
Ihm ist, als ob es tausend Stäbe gäbe
und hinter tausend Stäben keine Welt.

Der weiche Gang geschmeidig starker Schritte,
der sich im allerkleinsten Kreise dreht,
ist wie ein Tanz von Kraft um eine Mitte,
in der betäubt ein großer Wille steht.

Nur manchmal schiebt der Vorhang der Pupille
sich lautlos auf –. Dann geht ein Bild hinein,
geht durch der Glieder angespannte Stille –
und hört im Herzen auf zu sein.

Und dann war er wild entschlossen, das Buch wieder zurückzulegen, weil das gehörte sich nun mal gar nicht, in fremden Tagebüchern herumzustöbern, und ...

... da entschied er sich, nur noch *eine einzige* Seite des Notizbuchs weiterzublättern, und – witziger Zufall – exakt hier traf ihn das schlechte Gewissen wie ein Baseballschläger auf den Hinterkopf ...

... und eins ist mal sicher: Die blöde Sau,
die im Zugabteil auf dem Weg nach Mailand
heimlich mein Buch gelesen hat, wird in der Hölle
schmoren!

Joshua verstand natürlich den Zusammenhang nicht und er hatte natürlich auch keine Ahnung, wer gemeint war, aber er fühlte sich dermaßen persönlich angesprochen, dass er Mathildas Notizbuch sofort wieder zurück auf den Schlafsack legte. Exakt so, wie er es vorgefunden hatte ... so hoffte er!!!

In dem Zelt von Hauke fand Joshua keine irritierenden Überraschungen vor. Mit Ausnahme vielleicht von der Ordnung, die in dem Zelt herrschte. Was dem Joshua vielleicht auch nur deshalb auffiel, weil er selbst jetzt nicht gerade ein Ordnungsfanatiker war. Sein persönliches, ausgeklügeltes Ordnungssystem: Die Dinge einfach da liegen lassen, wo man sie hingeworfen hat. Dann weiß man immer, wo was rumliegt. ... Schlüssel, Geld und Handy zum Beispiel ... *prust!*

Weiter: Joshua warf Haukes akkurat zusammengelegten Schlafsack beiseite, zog die Isomatte heraus, legte sich damit an den Strand, und gerade als er zu dem sanften Meeresrauschen endlich schön wegdöste, hatte er das unheimliche Gefühl, nicht mehr allein an diesem Strand zu sein.

Er öffnet die Augen und blinzelt in das weiß geschminkte Gesicht eines Mannes, der neben ihm hockt und ihn neugierig und voll traurig betrachtet – der weiße Clown mit einem Bündel Luftballonwursttierwesen, die an Bändern über seiner linken Hand schweben.

»W… what do you want from me?«, fragt Joshua total erschrocken und rutscht instinktiv einen Meter nach rechts rüber – runter von der Isomatte, weg von dem Clown.

Da kriegt er aber keine Antwort vom weißen Clown. Der guckt ihn einfach nur noch eine nervige Spur trauriger an und …

»Dämlicher Geizarsch!«, kläfft da aber etwas aus dem Bündel Luftballonwursttierwesen: ein zusammengewurschtelter, rosa Pudel … mit viel Fantasie und gutem Willen.

Und klar jetzt: Joshua träumte. Aber wie das halt so mit Träumen ist: Derjenige, der schläft und träumt, geht ja immer ganz normal davon aus, dass alles sehr real ist und dass – wie in Joshuas Fall – der rosa Lufballonwurstpudel wirklich sprechen kann. Auch wenn Joshua einen Moment brauchte, das selbst in seinem Traum zu glauben.

»Gar nicht!«, kontert er jetzt nicht wirklich besonders originell und noch mal zu dem weißen Clown etwas entschlossener: »Sorry, Clown. Aber das ist mein Platz hier. Ich möchte allein sein.«

Der Clown guckt stumm und *noch* trauriger und eine blaue Luftballonkreatur – vielleicht Elefant, vielleicht Ameisenbär mit geschwollenem Rüssel – näselt spöttisch: »Er möchte alleine sein, sagt der Spacko! Der Witz der Sommersaison!« Und die ganze Luftballonwursttierwesenwelt über der Hand vom Clown lacht ein knautschiges, quietschig irres Lachen.

»Du bist allein!«, informiert ihn der rosa Pudel. Der weiße Clown guckt mit ausgerollter Unterlippe unendlich mitleidig.

»Quatsch! Ich habe Freunde!«, sagt Joshua ganz trotzig und trotzig niedlich hinterher: »… und Mutti und Vati.«

Die ganze Luftballonbande quietscht vor Vergnügen und ein grün gebündelter Beulenbär brummt: Mutti und Vati sind in La Spezia und haben Spaß. **Ohne** dich! Zum ersten Mal seit fünfzehn Jahren … du Wurst!«

»So, jetzt reicht's mir aber!«, sagt Joshua noch mal eindringlich zum Trauerclown. »Du haust jetzt sofort mit deinen Arschlochtieren ab, sonst …«

»... sonst passiert was – was – was – was – was ...?«, kläfft der rosa Pudel in Endlosschleife und hüpft dabei mit der vollen Länge seines Bändchens auf Joshua zu.

Joshua, genervt, will ihn mit seiner rechten Hand zurückfächern, wobei er ihn ganz ungünstig mit einem eingerissenen Fingernagel seines rechten Mittelfingers trifft, und ...

... mitten im Gekläffe verstummt der Pudel mit einem Knall.

Entsetzt blicken alle auf das herunterhängende Bändchen, an dem schlaff die rosa Luftballonpudelwursthaut baumelt.

»D... das wollte ich nicht! Es tut mir leid! ... *sehr* leid!«, entschuldigt Joshua sich ausdrücklich, aber vergeblich. Der Clown weint untröstlich stumm einen Fluss von Tränen und der blaue Ameisenelefant...dings näselt böse: »Mörder!« Worauf die ganze Luftballontierwurstwesenwelt wütend einstimmt: »**Mörder! Mör-der! Mör-der!**«, und dabei dem Joshua mit jeder Silbe näher kommt. Weshalb der die Kreaturen noch mal vorsichtig mit seiner Hand wegfächert, dabei aber ganz unglücklich mit seinem Fingernagel diesmal den grünen Beutelbär trifft, der zerplatzt und ...

... in einer unerklärlichen Kettenreaktion alle verbliebenen Luftballonwursttierwesen nach ihm.

Fassungslos starrt der weiße Clown auf das bunte Luftballonfetzenbündel, schaut im nächsten Moment zu dem untröstlichen Joshua auf und streckt langsam seine Hand nach ihm aus. Joshua ergreift sie und will dem unendlich traurigen Clown noch mal sagen, wie leid ihm alles tue, und – eingerissener Fingernagel wieder – der Clown platzt. Absurd wie ein Luftballon. Zurück bleiben nur seine Adidaslatschen, auf die noch ein paar dicke Clownstränen regnen.

»Oh, mein Gott!«, ruft Joshua geschockt, wirft verzweifelt seine Hände vors Gesicht und …

… schreckte von einem weiteren, finalen Knall hoch und war wach. Er tastete seinen Körper ab, der natürlich unversehrt geblieben war. Bis auf einen Fingernagel am Mittelfinger seiner rechten Hand. Den glotzte er etwas verwundert an, weil er sich nicht erinnern konnte, wann er sich den eingerissen haben sollte.

»Was für ein kranker Scheiß war das?«, fragte er sich dann selbst.

Dem Sonnenstand nach zu urteilen, hatte Joshua vielleicht zwei Stunden geschlafen, was er aber auch ganz gut an der krebsroten Haut auf seiner kompletten rechten Seite ablesen konnte. Aus purer Gewohnheit griff er nach seinem Handy in der Hosentasche, weil er wissen wollte, wie spät es wirklich war, und – klar – das Handy lag ja auf dem Küchentisch in der Ferienwohnung. Zusammen mit den 20 Euro für Tagesverpflegung.

»Na toll!«, stöhnte er und sah sich um. Niemand da! Er war allein ... mutterseelenallein! Und arm! Arm wie ein weißer Straßenclown mit Adidaslatschen ...

... *ärmer!*, korrigierte er sich selbst, denn nicht einmal die hatte er.

Und weil er wusste, dass er noch eine Spur schlechter draufkäme, wenn er hier noch weiter rumhängen würde, raffte er sich auf, warf die Isomatte zurück in Haukes Zelt und hampelte barfuß über Stock und Stein zurück nach Monterosso. Launentechnisch ging es doch noch ein paar Meter in den Keller, weil allmählich kriegte er Hunger und er hatte keinen Plan, wie er den stillen sollte.

Und während er nur mit Shorts bekleidet und barfuß über das aufgeheizte Pflaster der Strandpromenade tapste, überlegte er, wie er an Essbares kommen sollte.

Ich könnte in der Bar da fragen, ob ich kellnern kann, dachte er nach. *Problem ist: Italienisch! Kann ich nicht! Kacke also!*, dachte er logisch zu Ende, ging weiter, bis ...

... jemand hinter ihm seinen Namen rief. Joshua drehte sich noch mal zu der Straßenbar um. Es war Gabi, der dort mit vollem Tablett stand. Und da riss sich Joshua arg zusammen und grüßte Gabi so cool wie möglich, aber ich sag mal so: Gabi hätte schon blind sein müssen, wenn er die Mischung aus geballter Freude und drei Tonnen Verzweiflung *nicht* in Joshuas Gesicht gesehen hätte. Er gab Joshua ein Zeichen, dass er warten solle, verteilte noch schnell die Getränke von seinem Tablett an die Tischgäste und dann winkte er ihn zu sich rüber, zeigte auf einen freien Tisch und sagte: »Sit and tell, what was häääppen!«

Joshua gehorchte und erzählte. Also nur von der persönlichen Doofheit, dass er sich ausgesperrt hatte – nicht den anderen Quatsch. Gabi gab noch mal ein Zeichen, verschwand in die Bar und erschien kurze Zeit später wieder. Mit einem Tablett voller Snacks und Limo auf der einen Hand und mit einem weißen T-Shirt und ein paar Badelatschen in der anderen.

Dankbarkeit ist ein Wort, das ja mal schnell fällt, aber wann fühlt man die schon mal so richtig im Alltag? – Sagen kann ich dir, dass Joshua in diesem Moment **extrem** voller Dankbarkeit war. Das T-Shirt war zwar eine Nummer zu groß und in Kombi mit den Badelatschen fühlte Joshua sich wie ...

... der kleine, trottelige Loser-Bruder vom weißen Clown.

Aber das war egal. Joshua lachte kurz und irre auf bei dem Gedanken und kam, während er sich über die Snacks hermachte, ganz allmählich wieder aus seinem Tiefpunktkeller herausgekrochen.

Nach dem Essen spendierte Gabi ihm dann noch ein Eis, das Joshua erst aus Höflichkeit ablehnen wollte, aber das ging natürlich nicht.

»Eat it orrr I have to cut off your right little fingeeer!«, drohte Gabi ihm mit theatralischer Mafiageste, bevor er sich wieder um die anderen Gäste kümmerte.

Joshua verputzte brav sein Eis und schaute entspannt auf die flanierende Menschenmasse auf der Strandpromenade und auf das Meer dahinter. Am rechten Nachbartisch saßen drei Männer, die schon Bier tranken. Joshua tippte intuitiv auf Holländer und ...

»... Ker noch ma. Wat is dat schön hier!«, schwärmte einer der Männer, der dann wohl doch eher irgendwo aus dem Ruhrgebiet kam. Dortmund vielleicht.

»Und weiße wat?«, meinte der zweite Mann mit demselben Slang. »Dat kannsse dir jetzt eine Woche lang hier bekucken.«, und der dritte darauf: »Jetzt ehrlich? Eine Woche dauert dat, bis dat Teil hier ankommt?«

»Ja, sacht Tante Werner, die dat ja mit dem da in Bremen geklärt hat.«

»Ker, ker, ker, wat is dat schön hier. Darauf noch 'n Pilsken, woll?!«, schwärmte Mann Nummer eins noch mal, hielt für Kellner Gabi drei Finger in die Höhe und ...

... so ging das eigentlich die ganze Zeit weiter. Joshua lauschte dem Gespräch ja auch eher unfreiwillig, weil die drei Mann sich nicht gerade leise unterhielten. Alles in allem ging es wohl um ein Funkgerät, das der unbekannte Vierte aus Bremen geordert hat. Ein Typ, den sie *Tante Werner* nannten. Warum sie den so nannten, wusste Joshua natürlich nicht.

Fakt war: Der erste Mann in der Runde hieß schlicht Torsten und ebendieser Torsten hatte während des letzten Segeltörns sehr clever sein halb volles Bierglas auf dem alten Funkgerät geparkt. Und klar, das Glas kippte bei dem Geschaukel um, das Bier floss in die Elektrik und das Funkgerät war hinüber.

So weit, so unwichtig!, dachte dann auch Joshua, als die zwei Männer dem Torsten exakt diese mörderdämliche Geschichte breit grinsend wahrscheinlich nicht zum ersten Mal voll aufs Butterbrot geschmiert hatten. Und der grinste aber einfach mit und machte dann noch mal drei *Pilskes* klar. Die brachte Gabi kurz darauf auch als letzte Bestellung, weil er danach nämlich einfach Feierabend machte. Sehr zum Missfallen seiner älteren Schwester Vittoria, aber Gabi blieb stur, warf ihr einigermaßen genervt die Kellnerschürze zu, schnappte sich Joshua und ging mit ihm weg. Über einen kurzen, steilen Weg, den Joshua noch nicht kannte, ging es wieder zum Friedhof hoch. Und da, Überraschung, waren auch Mathilda, Hauke und Nils, die mit ihrem Fernglas auf der Mauer saßen und die Bucht kontrollierten.

»Cooles Dress!«, begrüßte Nils Joshua in seinem Schlabber-T-Shirt und den Badelatschen an den Hohlfüßen.

»Ich weiß«, lächelte Joshua müde und erklärte allen dreien noch mal kurz den Grund für sein Outfit, wobei er aber auch gerade hier den Aufenthalt in ihrem kleinen Zeltlager aus Gründen der Sicherheit nur am Rande, so *ganz nebenbei* erwähnte …

»... und was hattest du in meinem Zelt zu suchen?«, haute ihm da aber Mathilda sehr überraschend um die Ohren.

Joshua lief rot an wie ein kleiner, bescheuerter Junge, den die Klassenlehrerin beim Rauchen oder Schnapstrinken erwischt hat. Und weil dann auch noch die Fragezeichen wie bunte Luftballonwürste über ihm schwebten, da er sich nicht erklären konnte, woher Mathilda das mit ihrem Zelt wusste, hielt Hauke noch mal kurz das Fernglas hoch und informierte ihn: »Das ist das *Zeiss Terra ED Pocket*. Mit zehnfacher Vergrößerung bei herausragender Bildqualität und hohem Detailgrad *und* natürlichen Farben.«

»... ... ach?!«

»Ja, *ach!*«, wiederholte Mathilda und dann noch mal: »Also was?«

»... also was *was*?«

»Was du in meinem Zelt zu suchen hattest?«

»Ich ... ich ... ich ... ich ...«

»Leute, da sind die Typen von der *Castrop-Rauxel* wieder«, grätschte Nils in das Verhör, der auch ohne Fernglas die kleine Gruppe Männer ausmachen konnte, die aus dem Schatten von Gabis Strandbar hervortraten und nun über die Strandpromenade wankten.

Hauke nahm sie mit seinem *Zeiss Terra ED Pocket* ins Visier und alle anderen folgten mit bloßem Auge der Richtung, in die Nils zeigte.

»Männer! Wir müssen **jetzt** handeln! **Jetzt** oder nie! Wer weiß, wie lang die hierbleiben«, meinte Mathilda.

»Zu riskant!«, widersprach Hauke. »Wir wissen ja nicht mal, ob das die komplette Crew ist. Wir brauchen einfach mehr Infos, bevor wir deren Jacht kapern.«

»Das sind Torsten, Manni und Jürgen aus Nordrhein-Westfalen. Und es fehlt mindestens noch einer, den sie Tante Werner nennen«, spulte Joshua locker herunter und dann fügte er grinsend hinzu: »Die müssen sieben Tage hierbleiben, weil Torsten das Funkgerät mit Bier vernichtet hat.«

Alle, bis auf Gabi, glotzten Joshua erstaunt an und der erklärte dann auch, warum er so gut im Bilde über die drei Männer war, die nun im Touristenstrom aus dem Sichtfeld verschwanden.

»Gute Arbeit, Joshua Bauer! Sehr gute Arbeit!«, lobte Mathilda ihn und sehr vorteilhaft war, dass sie das Thema *Joshua im Lady-Tarnzelt* anscheinend vergessen hatte.

Kurz und gut: Mathilda und *ihre Männer* konnten es mit dem Kapern der Segeljacht nun etwas entspannter angehen. Weshalb sie sich dann auch spontan dazu entschlossen, die Observierung abzubrechen und einfach mal den Nachmittag als das zu sehen, was er eigentlich war: ein Urlaubstag! Und den verbrachten sie im Großen und Ganzen dann auch in ihrer Bucht. Sie saßen am Strand, plauderten über allerlei wunderbar unwichtiges Zeug, schwammen und schnorchelten, spielten Frisbee, und als die Dämmerung kam, entfachten sie ein kleines Lagerfeuer. Gabi und Nils hatten aus dem Ort köstliche Dips fürs Abendbrot besorgt. Sie aßen gut, tranken Lambrusco, plauderten wieder über Gott und die Welt und …

… dann klingelte Mathildas Handy. Sie zog es aus der Seitentasche ihrer Cargohose, las den Namen des Anrufers auf dem Display, stutzte, nahm den Anruf entgegen, nannte ihren Namen, hörte, was der Teilnehmer am anderen Ende der Leitung zu sagen hatte, und antwortete schließlich mit einem Grinsen im Gesicht:»Ja, Frau Bauer, der Joshi sitzt neben mir und ihm geht's prima.«

Joshua neben Mathilda prustete Lambrusco in den Nachthimmel. Dann deutete er Mathilda mit hektischem Handfuchteln an, dass sie das Handy an ihn weiterreichen solle, was …

… Mathilda aber einfach voll ignorierte und wieder in den Hörer grinste:»Jetzt hat er grad ein bisschen gespuckt. Soll ich ihm mal auf den Rücken klopfen? … … nein? … … ob ich Sie was, Frau Bauer? … Sie verarschen, Frau Bauer? Wo denken Sie hin, Frau Bauer? Das würde ich mir nie erlau… … … ist ja gut, Frau Bauer! Mach ich, Frau Bauer! Und noch einen schönen Abend, Frau Bauer!«

Und während Mathilda nun endlich das Handy voll smilend an Joshua weiterreichte, prosteten ihm dann auch noch Hauke, Nils und Gabi fröhlich zu.

»Hallo … *Mutter!*«, sagte Joshua kurz angebunden und sie ballerte direkt zurück, was er sich denn denken würde, wenn er einfach so, ohne eine Nachricht zu hinterlassen, bis spät in die Nacht nicht nach Hause käme, und – überhaupt – klinkte sich sein Vater ins Gespräch – gäbe das jetzt mal so richtig großen Ärger und seine Mutter tobte weiter, dass er von Glück sprechen könne, dass sie Joshua über diese abgespeicherte Nummer von dieser Mathilda erreicht hätten, sonst wäre jetzt die Polizei im Spiel und ...

... da erst zählte Joshua blitzgescheit wie Sherlock eins und eins zusammen und fragte: »Ihr ruft doch über mein Handy an, oder?«

»... ... ... äh, ja!«, war die Antwort seiner Mutter.

»Woher kennt ihr die PIN zum Entsperren?«

Stille am anderen Ende der Leitung ...

... und dann, nach Geraschel und Getuschel antwortete sein Vater: »Den Code ... die PIN haben wir ... öhmm ... geraten!«

»Die vierstellige PIN. Einfach so geraten!«, fasste Joshua skeptisch zusammen.

Stille ...

... und dann lenkte sein Vater das Gespräch aber stumpf wieder in Richtung Ausgangsthema und wiederholte: »Das gibt Ärger, Joshua! Richtig großen Ärger!«

Und da, ohne großartig darüber nachzudenken, legte Joshua für seinen Vater nach: »Worauf du dich verlassen kannst!«

... und beendete das Gespräch.

11

Und es gab Ärger! Schon wieder. Nicht in derselben Nacht. Da waren anscheinend alle Bauers zu müde, um zu streiten. Joshua stand einfach nur kurz nach dem Telefonat klopfend vor der Haustür, Haustür wurde von seiner Mutter geöffnet, man begrüßte sich wortlos und – immerhin einsilbig – wünschte man sich vorm zu Bett gehen beiderseitig eine gute Nacht ...

»Nacht!«

»Nacht!«

... und am nächsten Morgen gegen sieben wurde Joshua aber schließlich vielsilbig von – Überraschung – seiner Mutter aus dem Schlaf gerissen.

Was ihm denn einfallen würde, ohne jede Nachricht einfach abzuhauen und wegzubleiben. Sorgen hätte sie sich gemacht. Große Sorgen! Allergrößte Sorgen und – und – und.

Joshua ließ das alles stumm über sich ergehen, und als Barbara Bauer mit ihm fertig war, griff er neben sich nach seinem Handy, hielt es seiner Mutter vor die Nase und sagte: »Es ist kackegal, woher ihr die PIN habt, aber es ist absolut nicht okay, dass ihr sie überhaupt habt und so was von extrem *un*-okay, dass ihr sie tatsächlich benutzt, um in meinem Handy rumzuschnüffeln.«

Barbara Bauer suchte nach Worten, und da war es Peter Bauer hinter ihr, der sie gut gelaunt fand: »Sprache, mein Sohn, Sprache!«

»**Kackegal!**«, wiederholte Joshua.

»Freundchen, lass es!«, warnte Peter ihn stimmungsgedämpft.

»Sonst passiert was wieder?«

Worauf Peter diesmal keine Antwort fand und Barbara aber meinte: »Wir brauchen die PIN gar nicht, weil das Handy über unseren Vertrag läuft. *Wir* haben den PUK* zum Freischalten und *wir* haben es freigeschaltet, weil *wir* uns Sorgen gemacht haben.« Barbara hielt inne, überlegte kurz und legte nach: »Und weißt du was, mein Sohn! Ich würde es wieder tun. Und ob dir das passt oder nicht ... **ist mir kackegal!**«

Joshua schwieg, Peter auch und Barbara wandte sich einfach ab, schnappte sich das Portemonnaie und sagte ruhig, als wäre nichts gewesen: »Ich geh zum Bäcker. Irgendwelche Sonderwünsche?«

»Äh, ja! Croissant für mich«, antwortete Peter und Joshua druckste herum und knurrte schließlich: »Zimtschnecke.«

Und klar: Du kannst noch so abartig böse knurren, wie du willst – *Zimtschnecke* klingt immer irgendwie niedlich. Weshalb Barbara ihren Sohn einfach nur liebevoll anlächelte, und Joshua konnte gar nicht anders, als zurückzulächeln. Und weil Peter eigentlich auch kein Interesse an schlechter Stimmung hatte, lächelte der auch und sagte: »Ich mach dann schon mal Kaffee.«

Später, nach dem Frühstück, erhob sich Joshua überraschend von seinem Stuhl und sagte: »Ich geh dann mal. Bin mit mit meinen Leuten verabredet.«

* achtstelliger elektronischer Schlüssel zum Entsperren, wenn die PIN-Nummer fehlt

Was diesmal sogar stimmte, weil Mathilda angeordnet hatte, dass man sich am nächsten Morgen wieder in der Bucht träfe … zum Stand-up-Paddling. Das wollte sie unbedingt mal ausprobieren und es hatte auch sonst so gar nichts mit Observierungsplänen zu tun. Anscheinend wurde sie etwas lockerer … was dem Joshua gut gefiel.

Joshua also im Weggehmodus, was seine Eltern etwas schade fanden, aber Peter witzelte schließlich noch: »Vergiss dein Handy nicht!«

»Damit ihr mich jederzeit orten könnt, was?!«, witzelte Joshua zurück und …

… sowohl Barbara als auch Peter Bauer schmunzelten wie verrückt. Erst nachdem Joshua – natürlich mit Handy in der Tasche – die Haustür hinter sich zugezogen hatte, bröckelte den Bauer-Eltern das Schmunzeln aus den Gesichtern und Barbara sagte ernst: »Wir müssen vorsichtig sein.«

Und Peter: »Yep! Wenn er das rauskriegt, wird er sich selbst zur Adoption freigeben.«

Barbara nickte verschlagen und …

… warum sie das tat, hat damit zu tun, dass die beiden den Ortungsdienst-Service von Joshuas Handy schon mindestens dreimal genutzt hatten. Überwacht hatten sie ihn. Dreimal. Und jedes Mal fühlten sie sich schlecht dabei, aber …

... es entspannte sie auch, wenn sie wussten, wo ihr Sohn sich aufhielt, aber – ich wiederhole mich – sie fühlten sich schlecht dabei. Und so schworen sie sich nach dieser letzten Überwachung, diesen Service des Handyherstellers *nie wieder* zu missbrauchen, und ...

... ich sag mal so viel vor ab: Die Bauer-Eltern brachen ihren Schwur! Nur wenig später! Aus Gründen!

Aber egal erst mal! Erzählen wollte ich ja eigentlich nur, dass Joshua seine Eltern nach dem Frühstück verließ und die Eltern sich kurze Zeit später trennten. Also nicht wirklich. Barbara wollte einfach nur noch mal ihr Shopping-Glück in Monterosso versuchen, weil sie *sehr dringend* den todschicken Seidenschal brauchte, den sie an einer anderen Frau gesehen hatte und der ihr nach eigener Einschätzung sehr viel besser stehen würde als dieser *Kuh*. Und Peter wollte endlich mal seine neue Kamera mit dem extrafetten Teleobjektiv ausprobieren. Die hatte er sich nämlich schon am Anfang des Jahres gegönnt und dann ist er aber irgendwie nie richtig dazu gekommen, damit Fotos zu schießen.

»Today's the day ... *Baby*«, sprach er hochmotiviert zu seiner Kamera, während er sie sich um den Hals hängte. Und als er gerade als Letzter das Haus verlassen wollte, sah er zufällig das Buch von Jack London auf dem Küchentisch rumliegen. Er überlegte kurz, schnappte es sich und wiederholte höchst motiviert: »Today's the day!«, und ...

... rund 15 Minuten später saß Peter Bauer an einem schattigen Plätzchen vor der *Bar Centrale* und bestellte sich einen schönen, cremigen Cappuccino.

Morgen ist auch noch ein Tag, dachte er sich, weil ihm auf dem Weg hierhin einfach kein Motiv ins Auge fiel, das es seinem Gefühl nach wert gewesen wäre, abgelichtet zu werden. Und schnöde Urlaubsfotos von Sonne, Strand und alten Eingangstüren zu knipsen weigerte er sich.

Eine gefühlte Ewigkeit später servierte eine enorm lahmarschige Kellnerin den Cappuccino, der keiner war, sondern ein Caffè Latte. Da hatte er aber nichts zu gesagt, weil die Kellnerin so ein sympathisches Lächeln hatte ... und hübsch war sie obendrein.

... außerdem schmeckt der auch ziemlich gut. Vielleicht sogar besser als Cappuccino, dachte er, während er den Caffè Latte aus dem Glas schlürfte. Und weiter dachte er: *Ich muss lockerer werden. Wer locker ist, kann von Glück reden!*

Und da wusste er auch nicht so recht, wo er den Spruch aufgeschnappt hatte. Wahrscheinlich damals auf diesem elenden Seminar, wo es auch um Antiaggressionstechniken ging.

Ein echtes Scheißseminar war das!, dachte Peter nun locker, schnappte sich den *Ruf der Wildnis* und schlug die Seite mit dem Knick auf – also immer noch Romananfang – und las: *Buck las keine Zeitung, sonst hätte er gewusst, dass sich Unheil zusammenbraute ...* – Erster Hauptsatz in *Ruf der Wildnis*. Und schon beim Nebensatz wanderten seine Gedanken in eine komplett andere Richtung und er fragte sich: *Kann ich von Glück reden?*

Peter klappte das Buch einfach zu und warf es locker auf den Tisch vor sich. Er sann über mögliche Antworten auf diese eine Frage nach, ließ Blicke und Gedanken schweifen, da ...

… quakte ihn ein Junge von rechts an: »Oh! *Ruf der Wildnis!* Sehr gutes Buch!« – Carl Maria, das Wunderkind der Vorzeigelehrerfamilie aus Göttingen.

»Findest du?!«, brummelte Peter nicht unfreundlich zurück.

»Ja, ganz besonders einfühlsam beschreibt Jack London die Schlussszene, in der Buck …«

»Halt! Stopp! Keine Spoiler, Junge. So weit bin ich noch nicht«, grätschte Peter der kleinen Leseratte voll in die Rezension.

»Oh, hat Carl Maria Sie gestört? Ich hoffe, nicht!«, rief jemand von einem der hinteren Tische zu Peter extrem freundlich herüber. – Holger! Carl Marias Vater. Er, seine Frau und auch das Mädchen saßen da und alle lächelten sie auffallend freundlich zu ihm hinüber.

»Ach, was! Nein, hat er nicht. Wir haben uns über Jack London unterhalten«, antwortete Peter und hielt zur Erklärung noch mal das Buch hoch.

Und wie aus der Pistole geschossen, sagte die kleine Lea-Sophie: »Sehr gutes Buch! Bis zum Schluss, wo Buck …«

»Nicht verraten, Lea-Sophie! Der Herr hat es noch nicht zu Ende gelesen!«

»Oh, entschuldigen Sie vielmals!«, entschuldigte sich Lea-Sophie und: »Einen schönen Tag noch!«, wünschte Carl Maria ihm, bevor er wieder zu seiner Familie hinübertrottete.

Peter lächelte einmal freundlich in die Runde zurück, drehte sich wieder um und schlürfte den letzten, schaumig köstlichen Rest seines Caffè Latte.

Wer locker ist, kann von Glück reden, kam ihm wieder der Spruch in den Sinn, weil er grad mal so schön passte. Die Göttinger waren ihm ganz offensichtlich ziemlich dankbar, dass er das kleine Malheur mit dem abgebrochenen Arm vom Jesuskind nicht gemeldet hatte. Und da schaute er doch noch mal kurz und unauffällig zu der Bildungsbürgerfamilie rüber und alle vier saßen da in trauter Runde, Lea-Sophie zeigte ihren Eltern und dem Bruder ein Buch, das sie wahrscheinlich grad las. Sie schlug eine bestimmte Seite auf, las ihrer Familie eine Stelle vor, Familie lauschte.

Wie schön!, dachte Peter. Und da – ohne Vorwarnung – stolperte er in ein kleines stimmungstiefes Loch, weil er an früher denken musste. Also exakt an die Zeiten, als sein eigener Sohn in dem Alter der Göttinger Kinder war. Ungefähr acht. Mit dem Lesen hatte es der kleine Joshi früher noch nicht so.

Heute auch nicht, soweit Peter darüber überhaupt noch im Bilde war. Aber gebastelt hat er damals. Klopapierrollen, leere Zigarrenkisten, Wollfäden ... was weiß ich. Leidenschaftlich hat Joshua das alles zusammengepfriemelt, ihm dann stolz als perfektes Dampfschiff präsentiert und ganz wichtig die einzelnen Funktionen erklärt. Das Größte daran: Peter durfte Teil des Abenteuers sein. Gefühlte Stunden robbte er mit Joshua im Kinderzimmer mit Dampfschiff und schwimmenden Inseln aus Lego-Plattformen über den Teppich, der selbstverständlich kein Teppich war, sondern der indische Ozean ...

... und wir konnten von Glück reden, mein Sohn und ich!, dachte Peter und da musste er sich arg zusammenreißen, dass er nicht vor lauter sentimentaler Erinnerungen in ein noch tieferes Loch stolperte, weil da hatte am Ende ja auch niemand was von.

»... Signore?«, sprach ihn offenbar zum wiederholten Mal die hübsche Kellnerin von der Seite an.

»Äh ... what?«, fragte Peter, der alte Sprachfuchs, und da zählte er aber auch schon eins und eins zusammen, weil die Kellnerin vermutlich abrechnen wollte. Er zog sein Portemonnaie aus der Hosentasche, doch sie machte ihm mehrsprachig und überraschenderweise klar, dass die *famiglia*, die hinter ihm saß, ihm noch ein weiteres Getränk ausgeben und seine komplette Rechnung bezahlen wolle.

Peter stutzte, drehte sich zu den Göttingern um, bedankte sich höflich, die Göttinger winkten freundlich zurück und dann orderte er bei der Kellnerin einen weiteren Caffè Latte, der ...

… eine gefühlte Ewigkeit später von ihr serviert wurde, aber gar kein Caffè Latte war, sondern ein Cappuccino. Aber auch da hat Peter natürlich nichts gesagt, weil …

… *wer locker ist, kann von Glück reden!*, lächelte er den Cappuccino an, der übrigens genauso gut schmeckte wie der Caffè Latte davor.

Exakt zur selben Zeit paddelten Joshua Bauer und Mathilda Frey auf geliehenen Stand-up-Boards von ihrer kleinen Privatbucht aus Richtung *Castrop-Rauxel* … also in Richtung der Segeljacht, die so hieß – auch klar! Und witzig jetzt, dass Joshua der Mathilda den Rat gab: »Du musst lockerer werden!«

»**Ich! Bin! Locker!**«, behauptete sie steif und stur und fiel prompt hinten rüber ins Wasser. … zum vierten Mal!

»Das ist sooo schwer nicht!«, grinste er, als sie wieder an der Wasseroberfläche auftauchte.

»Weiß ich!«, knurrte sie, hangelte sich aufs Brett und brachte sich wieder in Position.

»Locker also?!«, sagte sie.

»Locker also!«, sagte er.

»Okay dann!«, sagte sie, atmete tief ein und aus und …

… stürzte sich spontan auf Joshua und riss ihn laut lachend mit ins Wasser.

»Du bist verrückt, Mathilda Frey!«, stellte Joshua grinsend fest, als sie beide wieder an der Wasseroberfläche aufgetaucht waren.

»Ich weiß, Joshua Bauer!«, strahlte sie ihn an.

Und da war bei Joshua so ein kleiner Moment der Unsicherheit, denn: Mathilda strahlte ihn an, was ihm gut gefiel und was er ihr aber niemals einfach so hätte sagen können, weil wie uncool wäre das, einem Mädchen zu sagen, dass einem gefiel, wie sie strahle? Das würde eh ziemlich behämmert klingen, weil, mein Gott – *mir gefällt, wie du strahlst* –, das klingt ja doch eher nach Taschenlampe oder defektem Atomkraftwerk, was höchst unromantisch ist, ein Mädchen mit dem einen oder dem anderen zu vergleichen. Aber weil Joshua Mathildas sonnige Ausstrahlung nun mal wirklich gut gefiel, konnte er auch nichts anderes denken und sagen dann schon mal gar nichts, weshalb sich bei ihm so ein kleiner, verwurschtelter Moment der Unsicherheit breitmachte.

»Was ist?«, fragte Mathilda ihn.

»Äh, nix is«, antwortete Joshua elegant wie ein Stück Holz und …

… dann, plötzlich, hörten sie aus Richtung der Segeljacht jemanden brüllen: »**Äy, Tante Werner, wir machen jetzt lecker Frühstück klar. Bei diese Bar. Kommsse schön mit oder wat is los jetzt?**« – Torsten! Er und seine Kumpels Manni und Jürgen saßen schon in dem Beiboot mit Außenborder und an Deck der *Castrop-Rauxel* stand noch ein Mann, den Joshua und Mathilda zum ersten Mal sahen. Werner eben, wie die beiden in bestechender Logik schlussfolgerten, auch wenn nach wie vor unklar war, warum die ihn alle *Tante* Werner nannten.

»**Dat heißt um diese Zeit jetzt branschen bei diese Bar, du Vogel!**«, korrigierte ebendieser Mann dann den Torsten im selben Brüllmodus und kletterte zu den dreien ins Schlauchboot.

»… und es heißt auch *bei* dieser *Bar*. Weil Dativ, **dem** verfickten!«, ergänzte überraschend Nils hinter Mathilda und Joshua, der ebenfalls mit einem Stand-up-Board unterwegs war. Genauer: Er saß vorn auf dem breiten Board und ließ sich *gondolieren*. Von Hauke, der paddelnd hinter ihm stand.

»Ach, König! Immer diese Kraftausdrücke«, seufzte der.

»Das gefällt mir, wie du meinen Namen sagst. Das hat so was Devotes, Unterwürfiges, Demütiges, Sklavisch…«, lobte Nils König seinen Gondoliere noch, bevor der ihn mit seinem Stechpaddel einfach stumm vom Board fegte.

Und als der kleine König japsend an der Wasseroberfläche wieder auftauchte, zeterte er rum, beschimpfte Hauke Petersen mit Kraftausdrücken, die nie ein Jugendlicher zuvor gehört hatte, und als er damit endlich durch war und verstummte, sagte Mathilda in die Runde: »Morgen früh, zehn Uhr fünfundvierzig zum Brunch! Da werden wir es tun. Wir werden die Castrop-Rauxel kapern.«

Dabei strahlte Mathilda *schon* wieder. Aber dieses Mal blitzte da nach Joshuas Eindruck auch eine ordentliche Portion Wahnsinn mit durch. Nach wie vor fehlte ihm die Vorstellungskraft dafür, dass sie den Klau einer Segeljacht tatsächlich in die Tat umsetzen würden, um damit ein extrem fettes Kreuzfahrtschiff zu stoppen. Nach wie vor war das einfach total behämmert und …

… er strahlte zurück und sagte: »YES! Let's do it!«

… und wenn Peter Bauer auch nur einen Hauch einer Ahnung gehabt hätte, was sein eigener Sohn da fröhlich zugesagt hatte, hätte er mit Sicherheit nicht mehr ganz so entspannt sein erstes Bier am Tag genossen. Abseits des Touristenstromes saß er um Mittag rum in einer angenehm schattigen Gasse an einem Tisch vor einer kleinen Taverne und wartete, wie verabredet, auf seine Frau.

»Ist das nicht ein bisschen früh für Bierchen?«, fragte die ihn dann direkt, als sie wenig später aufschlug und sich völlig fertig zu ihm setzte.

»Ich hab Urlaub! Da darf man das!«, war seine Antwort, die er sich auch locker hätte sparen können, weil Barbara beim Ober, der grad vorbeikam, ebenfalls ein großes Bier orderte.

»Wo ist der Seidenschal?«, grinste er, weil er den Ausdruck in ihrem Gesicht wiederum nur zu gut kannte. Es war der *Ich-habe-die-ganze-Stadt-auf-den-Kopf-gestellt-und-rein-gar-nichts-gefunden*-Blick!

Und klar: Barbara nahm ihre Sonnenbrille ab, damit ihr Mann auch sehen konnte, wie genervt sie die Augen verdrehte, kramte dann auch gleich das Brillenetui aus ihrer Handtasche, um die Sonnenbrille wegzupacken, und ...

... dann öffnete sie das Etui aber nicht gleich, weil ihr offenbar wieder etwas eingefallen war.

»Was ist?«, fragte Peter und sie druckste etwas herum und sagte schließlich: »Ich muss dir etwas gestehen!«

Peter stutzte und sie fuhr fort: »Weißt du noch? Der weiße Clown gestern in La Spezia?«

»Ich **wusste** es! Du hast dich verliebt! In einen weißen Clown!«, platzte es theatralisch aus ihm heraus. Dann nahm er kichernd noch einen ordentlichen Schluck Bier.

Barbara wartete mit dem Blick der vollkommenen Ausdruckslosigkeit ab, bis sich ihr irre komischer Mann eingekriegt hatte, und fuhr dann erst fort: »Der weiße Clown! Der war heute in Monterosso da an der Kirche. Mit seinen Luftballonwürstchen. Du weißt schon: rosa Pudel und all das.«

Peter nickte und sie erklärte weiter: »Ich hab den Typen gesehen und hab gedacht, herrje, ist das traurig. Der sitzt da in der prallen Sonne, wurschtelt seine rosa Pudel, die keiner kauft, und ...«

... der Ober brachte ihr Bier, Peter orderte für sich ein weiteres, beide bestellten das Tagesmenü und Barbara fuhr fort: »... ich konnte nicht anders, Peter. Ich hab dem Mann zwanzig Euro gegeben.«

Peter nickte anerkennend, denn dasselbe hätte er in La Spezia ja nun auch getan, wenn er etwas mehr auf Zack gewesen wäre.

Und Barbara fuhr fort: »... worauf der weiße Clown mich freundlich ansah, etwas aus seinem weißen Kostüm zog und mir unauffällig in die Hand drückte.«

»Ja, was denn?«

Barbara schaute sich vorsichtshalber zu beiden Seiten der Gasse um, öffnete schließlich das Sonnenbrillenetui und zeigte Peter den Inhalt.

Und der staunte wirklich nicht schlecht, als er die Grastüte sah, die praktischerweise exakt in das Brillenetui passte.

»Er hat dir einen Joint geschenkt?!?«

»Hm, *geschenkt*, weiß nicht. Ich schätze, dass der Mann hauptberuflich doch eher Dealer ist und dass das wegen der zwanzig Euro ein echtes Missverständnis war.«

»Ich fasse es nicht. Der weiße Clown – ein Dealer!«, grinste Peter.

»Pscht, Peter! Der Ober!«, sagte Barbara, klappte das Etui schnell wieder zu und fächelte mit der freien Hand die amtliche Marihuanafahne weg.

Der Ober servierte *Bruschetta* für beide – ein köstlicher Tomatenmix auf gerösteten Brotscheiben –, und als er wieder weg war, fragte Peter Barbara: »Ja, und was machen wir jetzt damit?«

Und Barbara darauf: »Ja, was wohl?! Rauchen!«

In der Bucht, am Strand, so gegen 18:00 Uhr ...

... war Joshua sehr genervt, als er auf dem Display seines bimmelnden Handys sah, dass es seine Mutter war, die ihn jetzt schon anrief. Weil das konnte ja wohl nur eins bedeuten …

»… es ist Mutti, die wissen will, wann der kleine Joshi nach Hause kommt, richtig?«, las Mathilda voll nervig korrekt die schlichten Gedankenzeilen auf Joshuas gerunzelter Stirn ab.

Da ging er aber diesmal gar nicht drauf ein, nahm den Anruf entgegen und sagte direkt …

… erst mal gar nichts und dann nur mal zwischendurch *Ja* … und *Okay* … und *Wie du meinst* … und *Tschüss!* Und nachdem er die Verbindung gekappt hatte, *runzelte* er praktisch gesehen sein Handy an und sagte: »Echt schräg!«

»Was wollte sie?«, fragte Hauke nach.

Und Joshua sah ihn an und antwortete etwas irritiert: »Dass ich so lange wegbleiben soll, wie ich möchte. Gerne zwölf oder morgen früh wäre auch kein Problem.«

»Ich weiß, warum!«, haute Nils direkt raus. »Die Joshi-Eltern wollen auf ihre alten Tage einfach noch mal hemmungslos übereinander herfallen und …«

»Don't!«, bremste Gabi ihn da aus.

»Nicht unwahrscheinlich!«, griff Mathilda aber noch mal gnadenlos das Thema auf, alle nickten, bloß Joshua nicht, weil er wirklich kein Interesse daran hatte, über den hemmungslosen Sex seiner Eltern nachzudenken, was ...

... aber eh in die falsche Richtung gedacht war, weil die *Joshi-Eltern* an diesem Abend einfach nur das Geschenk vom weißen Clown verbrennen wollten. *Rosa Pudel* – nichts dagegen.

Und dann hat sich das Thema aber auch wirklich erledigt, weil Mathilda zusammenfasste, worüber sie gesprochen hatten, bevor Joshuas Mutter anrief: Über das Kapern der *Castrop-Rauxel ... Segeljacht*, logisch jetzt! Und da ging es im Großen und Ganzen eigentlich noch mal darum, wer Proviant und wer was zu trinken besorgen würde, und dass Hauke Petersen der Skipper sein sollte, war für Mathilda sowieso sonnenklar, weil Hauke Petersen käme ja schließlich von der Nordsee und der wüsste, wie man so eine Jacht bedient. Worauf Hauke auch diesmal deutlich gesagt hat: »Noch mal, Mathilda! Ich kenn mich damit überhaupt nicht aus.«

Und sie aber: »Aber du kommst doch von der Wasserkante.«

»*Waterkant* heißt das bei uns.«

»*Waterkant!* Siehst du, das meine ich. Du kennst dich aus.«

»... ... ...?!«, fehlten dem Hauke die Worte und dann legte auch noch Joshua nach: »Sag mal, Hauke. Und wie lange sind wir mit so einer Segeljacht dann bis La Spezia unterwegs?«

Und der stöhnte: »Ja, was weiß ich. Eine Stunde vielleicht?!? Vielleicht auch zwei?!? Hängt ja auch ein bisschen vom Wind ab, schätze ich mal.«

»Corretto!«, sagte Gabi nur und verteilte auf Papptellern ein Gemüserisotto, das er wieder mal so ganz nebenbei über Gaskocher und Holzfeuer gezaubert hatte.

Köstlich war's und dann gab es Nachtisch! Jedenfalls war das die Bezeichnung für das, was Nils zur Überraschung aller grinsend aus seinem kleinen Rucksack zauberte: eine Marihuanatüte, die er seiner *Mami* abgeluchst hatte.

12

Woran sich Joshua am nächsten Morgen erinnerte, war, dass er zusammen mit seinen grasvernebelten Freunden am Strand gelegen und Sterne gezählt hatte. Ergebnis unklar, weil Nils König einen extremen Laber-Flash hatte und Joshua ständig in die ungezählten Sterne quatschte. Und dann – auf einmal – hatte er Appetit bekommen. Was rede ich: unbändigen Heißhunger auf Ölsardinen hatte Joshua auf einmal. Und er wusste, wo er welche fand: *Im Küchenschrank der Wohnküche der Ferienwohnung in Monterosso, Cinque Terre, Italien, Europa, Planet Erde ... Stern Nummer eins!* Joshua war echt breit! Und exakt in diesem Zustand verabschiedete er sich von seinen Leuten. Hauke wollte ihn erst nicht gehen lassen, weil:»... zu viele schwarze Löcher mit tückischen Zeitanomalien um diese Uhrzeit auf den Straßen!«

»Das ist unlogisch!«, raunte Mathilda hinter den Buchdeckeln ihres Tagebuches, in das sie hochkonzentriert etwas hineinkritzelte.

Und Gabi – auch nicht so ganz bei sich – tönte:»O du, sag an, was schreibst denn du, du Schöne, du ... *Regina della Notte**?«

»Gedichte über Raubkatzen! **RoOOAAaaah**!«, haute Hauke raus. Etwas albern und ...

... unbeschreiblich dämlich auch, weil Joshua sich an *den Panther* von Rilke erinnerte, den Mathilda ja in ihr Tagebuch geschrieben hatte.

* ital.: Königin der Nacht

»Er war's! Er ist die blöde Sau, die im Zugabteil auf dem Weg nach Mailand heimlich Mathildas Buch gelesen hat«, dachte Joshua laut ... will heißen: Er dachte es nicht nur, sondern sagte es laut und deutlich *aus Versehen.*

Hauke sah ihn mit großen *Ertappt-worden-sein-Augen* an und zischte: »Judas!«

Worauf Joshua erschrocken zusammenzuckte, weil es wirklich nicht seine Absicht gewesen war, Hauke zu verraten. Worauf Nils aber scharfsinnig kombinierte: »Ergo hat Bauers Sohn auch in das Tagebuch von Mathilda Frey gelinst, sonst wüsste er ja wohl kaum, dass exakt diese Frage nach der blöden Sau in ihrem Tagebuch steht.«

... und da brachte der kleine König sich selbst zum Schweigen, weil er soeben mit entwaffnender Doofheit verraten hatte, dort selbst auch den ein oder anderen Blick hineingeworfen zu haben. Worauf dann alle Jungs unsicher zu Mathilda rüberschielten. Aber die kritzelte einfach nur voll konzentriert neue Einträge in ihr Tagebuch und schien von dem allgemeinen Verplappere der Jungs nichts mitbekommen zu haben.

»Also, bis morgen dann«, sagte Joshua noch mal schnell und ging dann fix.

Schwarze Löcher mit tückischen Zeitanomalien waren zum Glück keine auf dem Weg zur Ferienwohnung. Dafür traf Joshua dort angekommen auf eine Anomalie ganz anderer Art: seine bekifften Eltern!

13

Weißt du? Im Grunde sehe ich das mit dem Kiffen genauso wie Peter Bauer ...

»... auf Dauer macht es matschig in der Birne! Und wenn du Pech hast, drehen sie dir ein so dermaßen überzüchtetes Zeug an, dass es in deinem Hirn einen Urknall verursacht, bei dem Millionen von Gehirnzellen miteinander verschmelzen, die sonst gar nichts miteinander zu tun haben, und dann war's das. Psychose! Und ich sag dir, ich weiß, wovon ich rede, weil wir mindestens drei Knalltüten in der Einrichtung haben, die exakt damit den Rest ihres verbrutzelten Lebens zu tun haben«, sagte Peter Bauer – der alte Sozpäd – alles zu seiner Frau, da im kleinen Garten hinterm Haus, bevor er selbst noch einen weiteren, kräftigen Zug von der glühend knisternden Tüte nahm und ihr diese dann hustend zurückgab.

»Der weiße Clown ist ein guter Mensch. Niemals hätte er mir etwas verkauft, was mir oder meinem Mann ... oder dem Universum schaden würde«, antwortete Barbara, auch nicht mehr so ganz von dieser Welt.

»Der weiße Clown ist ein Gott. Da gibt es nichts«, wusste Peter und ...

... auf dem Niveau ging das den ganzen Abend vernebelt lustig weiter, bis eben Joshua unplanmäßig früh auf der Matte stand. Klopfenderweise, weil der Schlüssel einfach nicht ins Türschloss passen wollte. Nach endlosen Minuten machte dann auch endlich mal jemand die Tür auf – Joshuas Vater. Der stand doof grinsend vor ihm und durch die offene Hintertür zum Garten raus hörte Joshua seine Mutter fragen: »Wer ist es?«

»**Der weiße Clown!**«, brüllte sein Vater gut gelaunt zurück und Joshua selbst blickte erschrocken an sich herunter, weil er in seiner derzeitigen Verfassung eine Verwandlung in einen weißen Clown für nicht unwahrscheinlich hielt. – Fehlalarm! *Alles gut!*

Dann riss Joshua sich aber stark zusammen, weil er auf gar keinen Fall wollte, dass sein Vater peilte, dass er gekifft hatte, und sagte zur Begrüßung: »Ölsardinen!«

Peter, seinerseits voll vernebelt, verstand nichts. Genauso wenig wie Barbara, die dazugekommen war, weil sie vielleicht wirklich dachte, dass der universal weiße Clown sie beide besuchen kam. Und weil beide Elternteile nicht wollten, dass ihr eigener Sohn seinerseits spitzkriegte, dass sie gekifft hatten, versuchten sie so natürlich wie möglich zu wirken und Barbara fragte ihn: »Wo ist dein rosa Pudel?«

Ich kürze ab: Die *ganze* Familie Bauer war stoned wie zehn Jamaikaner, aber um gegenseitig die Fassade zu wahren, setzten sich Eltern und Sohn total bescheuert zusammen an den Küchentisch, brabbelten alle zusammen noch stundenlang wirres Zeug und aßen Ölsardinen.

14

Woran sich Joshua auch nicht mehr wirklich erinnern konnte, als er am nächsten Morgen so gegen zehn auf seiner Schlafcouch erwachte: wie er dort hingekommen war.

Außerdem irritierte es ihn, dass es schon so spät war, denn für gewöhnlich wurde er hier im Urlaub spätestens um 7:00 Uhr von seinem Vater aus dem Tiefschlaf gerissen und neuerdings ja auch von seiner Mutter. Er stand auf, lugte vorsichtig um die Ecke ins elterliche Schlafzimmer und rechnete mit dem Schlimmsten. Aber, Entwarnung, alles friedlich und leer. Er war allein. Er schlurfte durch die Wohnküche zum Klo. Von da zurück, glotzte er breiig grübelnd eine Weile die Küchenschränke an und überlegte, hinter welcher dieser Klapp- und Schiebetüren wohl der lösliche Kaffee stehen könnte, und ...

... gab auf, riss alle Schranktüren auf und fand den Kaffee am Ende der Suche auf dem Tisch. Zusammen mit Tasse, Müslischale, Obst und Cornflakes. Höchstwahrscheinlich hatte das seine Mutter liebevoll arrangiert. Der Zettel mit der Nachricht, der ebenfalls dort lag, war auf jeden Fall von ihr. In ihrer geschwungenen Handschrift hatte sie geschrieben ...

Sind schon zum Strand runter. Wenn du magst:
Wir sind am Ende – Nähe Felsen.

Da musste Joshua doch ein wenig wegen der leicht verunglückten Formulierung grinsen. Wir sind am Ende ...

Kaffee geht so!, dachte er wenig später selbstkritisch, während er dösig dasaß und die selbst zubereitete, lauwarme Brühe mit den darin treibenden schwarzen Instant-Kaffeeflocken trank. Dann schüttete er Cornflakes in die Schale mit Obst, gab H-Milch dazu, rührte alles schön langsam um, schob sich einen Esslöffel in den Mund, schielte entspannt knuspernd auf das wild dahingepfuschte Ölgemälde, welches mit grob gespachtelten Farben eine Segeljacht vor der Küste von Monterosso zeigte. Das sagte ihm irgendwas, er wusste aber nicht, was. Weshalb sein Schlafzimmerblick langsam nach links zur Küchenuhr wanderte, auf der er ablas, dass es nun halb elf war, und …

… da prustete Joshua die volle Ladung Cornflakes über den Küchentisch, weil ihm schlagartig klar wurde, dass er noch einen Termin hatte. – *10:45 Uhr, Castrop-Rauxel entern!* – Und das war nicht alles. Irgendwas sollte er besorgen, aber er hatte vergessen, was …

Prompt machte sein Handy neben der Kaffeetasse *Ping*. Eine Textnachricht von Mathilda …

Denk an den Proviant, okay, Joshua Bauer?!

»Fuck!«, fluchte er über den Dödelmodus seines restvernebelten Kifferhirns, sprang dann aber auch gleich auf und wurde aktiv … was rede ich – *hyper*aktiv!

15

Langweilig!, urteilte Peter Bauer hart über das Foto auf dem Display, welches er soeben mit seiner fast neuen Kamera mit dem fetten Zoom-Objektiv geschossen hatte. *Segeljacht auf Mittelmeer* – vielleicht lag es an der Perspektive, weshalb das Foto nicht taugte. Praktisch gesehen: *Froschperspektive*, weil Peter das Motiv direkt aus der Strandliege heraus exklusiv aus der ersten Reihe geknipst hatte. Ob es tatsächlich an der Perspektive lag, würde Peter nicht herausfinden können, denn dafür hätte er aufstehen müssen und dafür war er einfach zu faul.

Stattdessen glotzte er wieder träge durch den Sucher seiner Kamera, machte einen Schwenk nach rechts, wo er seine dösende Frau Barbara, deren Gesichtszüge tiefenentspannt waren und deren Mund leicht geöffnet zur Seite hing, ins Visier nahm.

Taugt auch nicht, dachte Peter und machte einen Schwenk weiter nach links, wo sich direkt ein großer, braun gebrannter Hintern in seinem Suchfeld breitmachte. Peter stutzte, drückte aus Versehen auf den Auslöser. Mit dem Ergebnis, dass er gleich eine ganze Serie vom großen Hintern machte, weil seine Kamera aus unerklärlichen Gründen zum Drive-Modus für Sportaufnahmen gewechselt hatte. Er warf einen Blick über die Kamera hinweg, um zu gucken, wem der Hintern gehörte, und da war es ausgerechnet der von dieser esoterisch verstrahlten Trulla, wegen der er eine Nacht im Gefängnis von Monterosso verbringen durfte.

»Kuh!«, knurrte Peter.

»Hm?«, machte Barbara neben ihm.

»Nicht du!«, knurrte Peter.

»Hm!«, machte Barbara neben ihm.

Dann glotzte er wieder durch den Sucher seiner Kamera, hatte zufällig wieder die Segeljacht mit dem roten Rumpf im Visier, die ihm aber perspektivisch immer noch nicht taugte, und …

… dann aber nahm er vor der Jacht einen Typen wahr, der von seinem Surfbrett aus versuchte, einem anderen Typen eine vollgepackte *IKEA*-Tüte an Bord zu reichen. Was ihm aber nicht gelang, weil Tüte zu schwer und Arme auf beiden Seiten zu kurz.

End-Clowns in der Manege!, dachte Peter amüsiert und dann hätte er sich beinah was in die Hose gekichert, als er als Nächstes durch seinen Sucher mit ansah, wie der Spaßvogel auf dem Surfbrett versuchte, mit der *IKEA*-Tüte aufzustehen, dabei das Gleichgewicht verlor, mit seiner Birne gegen die Bordwand knallte und gleich drauf mit der *IKEA*-Tüte baden ging. *Platsch!*

»Was ist lustig? Fotografierst du mich?«, knurrte Barbara neben Peter, weil sie offenbar sein amüsiertes Knarzen und den Auslöser seiner Kamera gehört hatte.
»Wo denkst du hin, Schatz?! Ich ...«, antwortete er und stockte, weil der Depp mit der *IKEA*-Tüte vor der Jacht sich im Wasser umdrehte und Peter nun sein Gesicht sehen konnte. Er zoomte den Knaben mit dem Teleobjektiv noch näher ran und ...

Joshua? ...? ...!, peilte Peter schließlich, dass es sein eigener Sohn war, der es wenig später dann doch irgendwie geschafft hatte, sich über sein Surfbrett an Bord der Jacht zu hangeln. Der stämmige Typ, den er auch irgendwoher kannte, half ihm auf die Beine und ein anderer Typ ... nein: *Mädchen* mit kurzen Haaren fischte mit einem Bootshaken die *IKEA*-Tüte, zuletzt noch das Surfbrett aus dem Wasser. Und klar: Jetzt konnte er auch beide Gesichter zuordnen. Es war diese vegane Nervensäge Mathilda und einer ihrer Freunde, die am ersten Abend im Straßenrestaurant am Nachbartisch gesessen hatten.

Ohne großartig nachzudenken kramte Peter sein Handy aus der Strandtasche, wählte Joshuas Nummer und schaute wieder durch den Sucher seiner Kamera, um zu sehen, wie Joshua reagierte. Parallel zum ersten Tuten griff sein Sohn erwartungsgemäß auch zu seinem wasserdichten Handybeutel, den er um den Hals trug, zippte diesen auf, guckte nach, wer anrief, und ...

... *tut-tut-tut* ...»Weggedrückt!«, sagte Peter fassungslos mehr zu sich selbst, aber Barbara wieder: »Hm?«

»Ach, nichts!«, antwortete Peter erst, überlegte dann aber noch mal kurz und klärte sie auf.

»Was zur Hölle ...?«, fragte sie sich halb, als sie zusammen mit Peter direkt auf dem großen Kameradisplay mitverfolgen konnte, was ihr Sohn und *seine Leute* auf der Segeljacht trieben.

»Vielleicht gehört die Jacht ja den Eltern von einem seiner Freunde«, meinte Peter.

»Ich sehe aber keine Eltern.«

»Na ja, sie können das Schiff ja auch ohne Eltern besichtigen. Solang sie keinen Blödsinn anstellen und damit abhau...«

... das leise Tuckern eines angeworfenen Hilfsmotors drang über das Wasser zu ihnen herüber. Peter und Barbara verfolgten auf dem Kameradisplay, wie die Jacht sich heftig schaukelnd drehte. Erst in Richtung offenes Meer ...

16

… dann in Richtung Strand!
»Was machst du da, Mathilda? Das ist die falsche Richtung!«, rief Nils ihr vom Bug her zu.
»Das sehe ich!«, antwortete sie genervt und warf das Steuerrad nun in die entgegensetzte Richtung. Die Jacht schaukelte hart rechts herum … oder hart *steuerbord* eben, wie Seeleute so sagen. Aber die Crew der Castrop-Rauxel waren nun mal keine Seeleute. Niemand von denen hatte vermutlich zuvor auch nur einen Fuß auf eine Segeljacht gesetzt. Jedenfalls konnte sich niemand erklären, warum Mathilda es nicht schaffte, die Jacht simpel auf Kurs zu bringen. Und Joshua schon mal gar nicht, weil der war gedanklich grad mal eh ganz woanders. Sein Schädel brummte noch von dem harten Aufprall gegen den Rumpf einer Segeljacht, auf der er nun tatsächlich platschnass stand.

Die unwahrscheinlichste aller Unwahrscheinlichkeiten war Wirklichkeit geworden. Und während er noch darüber nachdachte, für *wie* irre er – nur mal so zum Beispiel – *dich* gehalten hätte, wenn du ihm am ersten Urlaubsabend vorausgesagt hättest, dass er mit dieser *durchgeknallten Endveganerin* sieben Tage später eine Segeljacht stehlen würde, währenddessen also klingelte zum zweiten Mal sein Handy. Seine Mutter war's diesmal, die er dann aber auch einfach wegdrückte, weil er ihr grad nicht erklären wollte, wo er war und was er und der Rest der Gang vorhatten: mit einer gerade mal 14 Meter langen

Segeljacht einem tonnenschweren Kreuzfahrtschiff den Weg versperren ...

... wenn denn Mathilda das Ding überhaupt aus der Bucht würde manövrieren können. Weil da sah es grad mal nicht nach aus. Die Jacht trudelte erst ein paar Meter in die eine Richtung, dann nach einem engen Slide in die andere. Das machte sie so lange, bis ...

... Hauke, der von Mathilda ernannte Skipper, mal zufällig einen Blick neben Nils am Bug warf. Da sah er, wie eine Kette aus einer offenen Luke über eine Metallrolle vorn ins Wasser führte und hin und her rappelte. Er klatschte sich gegen die Stirn und rief zu Mathilda hinüber: »Maschinen stopp! Der Anker muss noch hochgezogen werden.«

»*Gelichtet!*«, meinte Nils.

»Was?«

»Anker werden gelichtet, nicht einfach primitiv hochgezogen.«

»Ja, mein Gott, das ist doch wohl kackegal. Das Ding muss hoch jetzt, sonst geht am Ende noch was kaputt«, meinte Joshua – und Gabi neben ihm nickte.

Mathilda fuhr den Motor herunter, Gabi sprang in diesen Ankerkasten und zog an der Kette. Die anderen gingen ihm zur Hand und am Ende hatten sie das Ding irgendwie *gelichtet*.

Mathilda fuhr den Motor wieder hoch und nahm zunächst Kurs entlang der Küste, bis sie mit der Jacht aus dem Blickwinkel von Monterosso heraus waren. Dann stellte sie den Motor endgültig ab.

»Ja, und jetzt? Von alleine bewegt sich der Kahn nicht«, machte Hauke klar.

Worauf Mathilda ihr Handy aus der Hosentasche zog, die Kamera startete und im Selfiemodus Hauke, dem Rest der Crew ... und ihrem Handy erklärte: »Du kannst kein Kreuzfahrtschiff, das tonnenweise CO^2 in die Atmosphäre bläst, mit einem motorbetriebenen Boot stoppen. Das ist unglaubwürdig und schadet der Sache.«

Dann riss sie noch ihre linke Faust für die Kamera in die Höhe, rief: »Welle machen! Jetzt! Für die Zukunft!«, und beendete den Clip.

»Geht das jetzt viral? Also YouTube und so?«, fragte Hauke.

»Ja, selbstverständlich! Aber erst **nach** der Aktion. Logisch!«

»Und ... ähm ... wir sind dann mit drauf?«, fragte Joshua etwas verunsichert nach.

Da kriegte er aber keine Antwort drauf, weil von unten her drang ein dumpfes Poltern.

»Was war das, Skipper?«, fragte Nils den Hauke.

»Ja, woher soll ich das wissen?«, stöhnte Hauke genervt. »Kartoffelsack vielleicht.«

»Hörte sich aber mehr nach einem leblosen Körper an«, widersprach Nils.

»Ja, was fragst du dann?«

»Weiß nicht, Skipper.«

»Könntest du das bitte lassen. Ich meine, ich ...«

»Ich bin für *Nachsehen*!«, unterbrach Mathilda Hauke und öffnete auch schon vorsichtig die Luke rechts neben dem Steuerrad, die zum Unterdeck führte.

Joshua und die anderen sahen zu, wie Mathilda in den Bauch der Jacht verschwand. Und weil keiner der *Männer* Anstalten machte hinterherzugehen, gab Joshua sich einen Ruck und sagte: »Ich schau auch mal nach.« ... worauf *dann* natürlich alle Mann Mathilda in das Unterdeck folgten.

Und die stand dann zwischen Sitzecke, kleiner Kombüse und kaputter Navigationsecke mitten im Salon, wie dieser Vorraum heißt, und sagte mit gedämpfter Stimme: »Hier ist nichts!«

»Dann vielleicht dahinter«, senkte Joshua instinktiv die Stimme und zeigte auf die Schiebetür, die zu den Schlafkojen führte.

Und genau diese Schiebetür öffnete sich im nächsten Moment wie von Geisterhand. Und zum Vorschein kam dann auch noch eine leichenblasse Person, die offenbar aus einer der Schlafkojen hinter ihr gefallen war. – Eine Frau mit verstrubbelt kurzen Haaren, die noch zur Hälfte in einem Schlafsack steckte.

»Was zum Teufel ...?«, fragte die sich nicht zu Ende, als sie Mathilda und die Jungs in dem Salon stehen sah.

Und da machte die ganze Bagage aber auch schon kehrt und jumpte und stolperte über die kurze Treppe zurück ans obere Deck. Die Frau, die in ihrem Zustand überraschend reaktionsschnell war, hechtete hinterher, stolperte aber ganz blöd im eigenen Schlafsack, stürzte der Länge nach zu Boden und bekam da aber noch Mathildas rechte Trekkingsandale zu fassen.

»Shit!«, fluchte Mathilda, riss geistesgegenwärtig den Klettverschluss der Sandale auf, schlüpfte mit dem Fuß heraus und sprang als Letzte ins Freie. Gleichzeitig schoss etwas haarscharf an ihrem Kopf vorbei. Ihre eigene Trekkingsandale! Die flog im hohen Bogen über Bord ins Meer.

»**Shit! Shit! Shit!**«, fluchte Mathilda weiter, als die Frau nun aus ihrem Schlafsack wieder in die Aufrechte sprang. Wirklich erstaunlich vital auch, denn nach ihrem Äußeren zu urteilen hätte sie tot – oder sagen wir mal, mindestens untot – sein müssen, so blass, wie sie war. Und als diese Frau nun im Begriff war, ebenfalls über die Treppe ins Freie zu hechten, war es Joshua, der schnell reagierte. Er haute der Lady die Tür vor der Nase zu und stemmte sich zusammen mit Hauke dagegen.

»Schließ ab!«, rief Mathilda.

»Ja, wie denn? Hier ist kein Schloss«, presste Joshua heraus.

Worauf Mathilda, Nils und auch Gabi anfingen, das Deck nach etwas Brauchbarem zu durchstöbern, womit sie die Luke verrammeln konnten. Und Zufall oder nicht – das wusste man bei Gabi ja nie so richtig –, fand er in der hinteren Backskiste neben Seilen und Kram ein kurzes Bügelschloss, das offenbar genau für diesen Zweck dort aufbewahrt wurde. Er warf es

Hauke zu, Hauke gab es Joshua und der fummelte es durch die beiden Ösen von Tür und Türpfosten. Während eine untote Frau mit erstaunlicher Power versuchte, die Luke von innen aufzustemmen. Bis Joshua die Tür dann aber doch endlich verriegeln konnte. Da war Ruhe.

Die komplette Crew blickte mächtig angespannt auf die Tür, aber es rührte sich tatsächlich nichts mehr. Offenbar hatte die Frau ebenfalls gepeilt, dass sie die Luke nicht mehr aufkriegen würde.

»Warum ist die hier?«, fragte Nils noch etwas atemlos. »Ich meine, wir haben immer nur Männer gesehen. *Vier* Männer, um genau zu s...«

»Pscht!«, bremste Mathilda Nils scharf aus und lauschte mit hochgerecktem Kopf und linker Hand am Ohr in die Stille hinein. Ein Klappgeräusch war zu hören. Aus Bugrichtung.

»**Die Decksluke!**«, brüllte Mathilda und zeigte auf das erste der drei Bodenfenster, das soeben von der Frau unter Deck von innen aufgestoßen wurde.

Spontan stürzte sich Hauke darauf und presste die Luke mit seinem ganzen Gewicht wieder zu. Gabi, der alte Findefuchs, holte aus einer der Backskisten ein langes Seil, das er gleich drauf zusammen mit Nils über die Luke spannte und an den seitlichen Metallklampen festzurrte.

Dann guckten alle reichlich nervös durch das Plexiglas der Luke, was ein bisschen an das Reinglotzen in ein Zoo-Aquarium erinnerte. Nur dass hier gerade mal kein niedlicher Clownsfisch, ein Seepferdchen oder – was weiß ich – ein Hai durchs Bild schwamm.

»Wo ist sie?«, fragte Joshua nach und …

»**Ich bin hier, du Pappkopp!**«, brüllte ihm prompt die Dame von hinten zu.

Joshua und auch der Rest der Kaper-Crew rissen die Köpfe herum und das Bild, das sich allen bot, war irgendwie grotesk: ein Frauenkopf, der wie ein Korken aus dem mittleren Bullauge ragte. Zum Rausklettern war diese, genau wie die letzte runde Decksluke am Bugende aber zu klein.

»Ihr verdammten Kackbratzen!«, fluchte der Frauenkopf aus dem Bullauge weiter. »Ich weiß nicht, wat die Scheiße hier soll, aber wenn ich hier rauskomm, dann is für euch Schicht im Schacht! Ende Gelände! Komprände?«

Da sagte erst mal niemand was zu, was sehr wahrscheinlich auch an der beeindruckend rauen Stimme der Frau lag. Irgendwas zwischen Reibeisen, Hooligan und Rockröhre.

»Hör zu, Lady!«, holte dann aber schließlich Nils aus. »Du hast hier gar nichts zu melden, weil du hier gar nicht hingehörst. Das Schiff gehört vier Typen namens Torsten, Jürgen, Manni und einem Typen, den sie Tante Werner nennen. Alles ordentlich recherchiert.«

Worauf die Lady aber auch nur einmal kurz und irre auflachte und Nils schließlich aufklärte: »*Tante* Werner bin ich, du Pfeife! *Inga* Werner, wenn du es genau wissen willst. Und dat geht dich zwar überhaupt gar nix an, aber der Kahn hier is ganz allein meiner.«

»... ach?!«

»Ja, *ach*! Und jetzt mach die verdammte Tür auf, sonst passiert hier gleich wat Neues!«

»Und was soll das bitte sein?«, fragte Nils so von oben herab nach.

»Ich ruf die Bullen und dann war's das für euch. Anzeige, Kadi, Jugendknast! In der Reihenfolge, ihr Vorzeigeluschen!«

Fuck, dachte Joshua komplett eingeschüchtert. Und auch Gabi, Hauke und selbst Nils guckten diese Inga Werner sprachlos an. Nur auf Mathildas Gesicht erstrahlte plötzlich ein Lächeln, weil ihr offenbar was eingefallen war. Sie hob die Hand und grinste: »Einen Moment, Ilse Werner!«

»*Inga*!«, korrigierte die Frau im Bullauge sie mit verdrehten Augen, doch da war Mathilda schon zurück in das Cockpit gejumpt und stand kurz darauf wieder grinsend vor dem Frauenkopf wie ein Fußballer vorm Elfmeterpunkt.

»Hiermit? Rufst du hiermit die Bullen?«, fragte Mathilda die Inga Werner und hielt ihr ein Handy vors Gesicht.

»W... ... ...?!«, gingen der nun die Antworten aus, weil das Handy offensichtlich ihr gehörte.

Und weil auch die Jungs Mathilda fragend ansahen, erklärte sie: »Das lag da im Cockpit rum. Neben dem Kompass. Und weil ich mal stark davon ausgehe, dass Torsten, Jürgen, Manni und Mister X ihre Handys mit an Land genommen haben, wird dieses hier mit der Schickimicki-Sternchenhülle wohl der Frau Werner gehören.«

»Exzellent, Chicka. Nä, ehrlich! Ganz starke Eigenleistung für sonn hohles Früchtchen!«, lobte Inga Werner sie müde und applaudierte dazu mit ein paar lahmen Händeklatschern ... *unter* Deck, versteht sich. Und ...

... da, plötzlich, hielt sie kurz inne, weil ihr anscheinend selber etwas eingefallen war, und sie sagte mit einem Pokerface-Smile im Gesicht in die Runde: »So, Kotens. Jetzt is der Spass hier vorbei und ihr lasst mich raus, weil: Ich brauch dat Handy gar nich. Ich ruf die Bullen übers Funkgerät, wat hier unten steht. Wat sacht ihr dazu?«

Und da, klar, wussten natürlich alle, dass Inga Werner bluffte, und Mathilda sagte dann auch: »Mach!«

Worauf Inga Werner leicht stutzte, ihren Bluff aber weiter durchzockte und unter Deck verschwand. Und weil dann aber auch wirklich niemand schnell und panisch die vordere Luke öffnete, womit sie vermutlich fest gerechnet hatte, steckte sie ihren Kopf nach einer Weile noch mal fragend durchs Bullauge und Joshua klärte sie in Kurzform auf: »Funkgerät ist im Eimer. Torsten! Bier!«

»Na toll!«, knurrte Tante Werner.

17

»Er geht nicht ran!«, informierte Barbara den Peter am Strand.

»Ja, klar geht der nicht ran. Hab ich dir ja gleich gesagt, dass er nicht rangehen wird«, wusste Peter.

»Dass er bei *dir* nicht rangeht, muss ja wohl noch lange nicht bedeuten, dass er bei *mir* auch nicht rangeht! *Ich* bin seine Mutter!«

»Ach, was?!«

»Spar dir jetzt *bitte* die Spitzen, okay? Lass uns lieber überlegen, wie wir Joshua erreichen können.«

»Der ist nicht mehr erreichbar. Schon lange nicht mehr. Mit Joshua zu sprechen ist wie *Plaudern mit einem Stein.*«

Ping! – Barbaras Handysignal für WhatsApp unterbrach Peters Ausführungen. Sie guckte nach, wer geschrieben hatte, und da war es: »Joshua!«

»Was schreibt er?«

»*Was gibt's?*«

»Wie – *Was gibt's?*«

»... schreibt Joshua! – *Was gibt's?*«, wiederholte Barbara.

»Ein paar hinter die Löffel gibt's! Es nervt! Schreib ihm das!«, antwortete Peter, da reagierte Barbara aber auch schon gar nicht mehr drauf und schrieb ihrem Sohn ...

Wir haben dich auf dieser Jacht gesehen. Ich mache mir große Sorgen, Joshi! Was habt ihr vor? Antworte mir bitte!

Liebe Grüße, Mama

»Maximal ein *Alles gut!* kriegst du als Antwort«, prophezeite Peter seiner Frau, als sie ihm den Text zeigte, den sie daraufhin auch exakt so abgeschickt hatte, und …

… Sekunden später nur – **Ping** – kam Joshuas Antwort reingerauscht und die lautete total überraschend:

Alles gut!

»Bingo!«, triumphierte Peter …

… zu früh, denn wenig später machte Barbararas Handy noch einmal **Ping** und da war es noch mal Joshua, der nun ausführlicher schrieb …

Wir haben uns die Jacht nur geborgt! Aber mach dir keine Sorgen, Mama! Wir schippern nur einmal an der Küste entlang. Bis La Spezia … Eis essen und so was … und dann zurück. Das wird nice!

»**Der spinnt ja wohl total!**«, rastete Barbara nun auch aus.

»Schreib ihm das!«, feuerte Peter sie an.

»Dann macht er dicht!«

»Macht er nicht! Der Knabe braucht jetzt eine klare Ansage!«

»Braucht er nicht!«

»Braucht er wohl!«

»Dann gehen wir zur Polizei!«

»Gehen wir nicht!«

»Gehen wir *natürlich* nicht!«

»Wie jetzt?«, fragte Peter nach.

Und Barbara klärte: »Das war so dahingesagt! Natürlich gehen wir *nicht* zur Polizei. Den eigenen Sohn wegen eines läppischen Bubenstreiches anzeigen. Das geht ja wohl gar nicht.«

»Schatz! *Segeljachten klauen* fällt, glaub ich, nicht unter läppische Bubenstreiche«, gab Peter zu bedenken. Und dann aber auch noch: »Auf jeden Fall bin ich auch dagegen, diesen *kleinen* Vorfall zu melden. Schon gar nicht bei diesem Dorfsheriff, diesem arroganten Arsch. Da ist ein vernünftiges Gespräch ja gar nicht möglich.«

Das ließ Barbara aber jetzt einfach mal so stehen, und dann überlegten sie beide, wie sie Joshua zur Vernunft bringen konnten oder wie sie ihn wenigstens irgendwie kontrollieren konnten und ...

... da kam bei beiden Elternteilen wohl welche Idee auf? – *Bingo!* Sie aktivierten den iPhone-Finder!

»Das bringt uns jetzt auch nicht unbedingt weiter!«, stellte Peter resignierend fest, als er und Barbara den Standort von Joshuas Handy langsam ... *sehr* langsam an der Küste der Cinque Terre entlangpixeln sahen.

»Pah! Tut es wohl, Peter!«, triumphierte diesmal Barbara mit Geistesblitz. »Wir fahren hinterher und fangen den Punkt – also Joshua – in La Spezia ab! Essig mit Eis essen! *Har, har!*«

Peter befand die Idee auch für höchst brauchbar, weshalb die beiden Bauers schnell ihren Strandkram zusammenpackten und sich auf den Weg nach La Spezia machten, und ...

… *jetzt* komme ich auch endlich zu der Stelle, an der das Bauer-Paar einen richtig fetten Fehler macht, weil Peter ja nur ein paar Tage zuvor geschworen hatte, nie wieder einen Fuß in den Zug *Monterosso–La Spezia* zu setzen! *Komme, was wolle!*

Wobei, klar, der Fehler war jetzt nicht unbedingt, dass die Bauers sich dazu entschieden, mit dem Auto loszufahren. Der gute alte *Volvo V70* ist eine grundsolide Kiste, mit der du locker mehrmals den Planeten Erde umrunden könntest. Einfach unkaputtbar, der Schwedenpanzer … *wenn* man sich denn auch brav an die Inspektionsintervalle hält – unter anderem alle 160.000 Kilometer oder alle 10 Jahre Zahnriemen wechseln …

»Shit, der Zahnriemen! Gerissen!«, stellte Peter fest … irgendwo im Hinterland der Cinque Terre … fern ab der Zivilisation, praktisch gesehen mitten im Funkloch.

»Ja, wie kann das denn sein? Du warst doch vorm Urlaub noch mit dem Volvo zur Inspektion in der Werkstatt, oder?«, fragte Barbara.

»*Vrgssn!*«, nuschelte Peter unter der geöffneten Motorhaube vokalfrei in den Motorraum.

»Wie bitte?«, fragte Barbara nach.

»Habsvergessen!«, quetschte Peter durch die Lippen.

»**Du hast was?**«

»Vergessen! Die Inspektion! Einfach nicht zu gekommen, okay?!?«

»Rein GAR NICHTS ist okay! Der Zahnriemen musste gewechselt werden! Dringend!«, wusste Barbara.

»Ja, ja, ja! Jetzt bin ich wieder an allem schuld!«

»Ja, natürlich! Der Motor ist hinüber!«

»Das weiß man nicht!«

»Weiß man wohl! Der KFZ-Fritze hat's gesagt. Vor ein paar Monaten hat er das! Uns beiden. *Reißt der Zahnriemen, stirbt der Motor*«, zitierte Barbara reichlich genervt den KFZ-Fritzen.

Und darauf sagte Peter jetzt mal besser nichts mehr, denn natürlich erinnerte auch er sich an die deutliche Mahnung von Herrn Schröder ... also vom KFZ-Fritzen.

Und der Motor war tatsächlich komplett hinüber. Totalschaden durch geschredderten Zahnriemen. Mitten in der italienischen Pampa, in der sie nicht mal den ADAC oder was weiß ich wen anrufen konnten, weil sie in einem Funkloch saßen. Jedoch: Die Bauers hatten es eilig, nach La Spezia zu kommen. Wegen Joshua! Klar! Auf gar keinen Fall sollte der mit den anderen Knalltüten mit einer geklauten Jacht *noch mal* an der Küste entlang zurücksegeln, denn …

»… wer weiß, vielleicht kommen sie vom Kurs ab, havarieren mit einem Tanker oder Kreuzfahrtschiff … wer weiß das schon?!«, malte Barbara sozusagen gleich mehrere Teufel an die Wand … nicht ganz zu unrecht, wie ich finde.

Peter jedenfalls sah sich in der Verantwortung eines Mannes, der vor seiner Frau die Nerven bewahren sollte. Wichtig war jetzt, nicht hysterisch zu werden. Wer hysterisch wird, denkt nicht mehr nach. Er suchte nach passenden Worten, um das Problem ganz sachlich und vernünftig anzugehen. Also exakt so, wie er es in einem seiner zahlreichen Seminare gelernt hatte. Und während er nach sachlichen Worten suchte, streifte sein Blick durch die Landschaft und …

… der blieb an einem roten Punkt hängen. Genauer: An einer roten Ape, also eben einer dieser dreirädrigen Motorlastenroller, der unweit vom geschrotteten Volvo am Rande eines Feldes parkte. Herrenlos … fahrer- und fahrerinnenfrei, um politisch korrekt zu bleiben. Peter also sah die scheinbar verwaiste Ape, drehte sich wieder zu seiner Frau um und sagte zu ihr ganz ruhig und sachlich: »Wir klauen die Ape!«

18

Joshua saß da auf dem Kajütendach und wartete wie der Rest der Crew darauf, dass der Wind die gesetzten Segel aufblähen und die Jacht sich in Bewegung setzen würde. Währenddessen las er noch mal die komplette Botschaft, die er seiner Mutter per WhatsApp geschickt hatte: *Alles gut!* – Und da fragte er sich schon selbstkritisch, ob denn zwei Worte wirklich ausreichten, vor allem, um **seine Mutter** zu beruhigen. Dass sein Vater angerufen hatte, war ihm ja relativ egal. Aber dass seine Mutter kurz darauf versuchte, ihn zu erreichen, und dass er sie dann auch einfach weggedrückt hatte, tat ihm schon leid. Und als wenig später auch noch die WhatsApp von ihr reinrauschte, in der sie schrieb, dass sie sich große Sorgen machen würde, das versetzte ihm schon einen amtlichen Stich. Will sagen: Joshua Bauer hatte ein wahnsinnig schlechtes Gewissen. Ob er wollte oder nicht. Und es nervte ihn auch, dass er diesen Gefühlsquatsch nicht einfach abstellen konnte. Und überhaupt war er ziemlich genervt von seiner eigenen, persönlichen Dämlichkeit. Denn, ja, es war einfach auch zu dämlich, dass seine Eltern ihn vom Strand aus entdeckt hatten. Da hätte er auch von selbst drauf kommen können, dass sie das mitkriegen könnten, wie er an Bord der *Castrop-Rauxel* klettern würde.

Ich hätte einfach von der anderen Seite aufs Schiff klettern sollen. Dann wäre wirklich alles gut gewesen, dachte Joshua. Nach seiner Berechnung brauchten sie allerhöchstens zwei Stunden, bis sie die Küste von La Spezia erreicht haben würden. Da angekommen: Kreuzfahrtschiff stoppen – Mathilda dreht ihren YouTube-Clip für die Zukunft und all das –, dann umdrehen und 2 Stunden zurücksegeln – Ende! Niemand hätte mitgekriegt, dass er überhaupt weg gewesen wäre.

Alles gut!, las er noch mal sehr gründlich seine universale Standardformel und urteilte knallhart: *Zu wenig!* Weshalb er dann noch eine zweite WhatsApp nachschob. Du weißt schon. Den Quatsch mit der Jacht, die sie sich *nur* geborgt hätten, um damit nach La Spezia zu schippern ...

... *Eis essen und so was ... und dann zurück. Das wird nice!*

»Das ist Bullshit, Joshi!«, brummte eine Stimme direkt in Joshuas Ohr, weshalb er sein Handy vor Schreck beinah hätte fallen lassen. – Nils König. Der hatte es sich unbemerkt mit aufgestütztem Kopf hinter Joshua bequem gemacht und den vollständigen Textverkehr mitgelesen.

»König, was soll der Scheiß? Das ist privat, Mann!«, machte Joshua ihm kurzatmig klar, aber Nils völlig unbeeindruckt: »Bullshit, sage ich! Das nimmt dir doch deine *Mama* nie ab, dass wir in La Spezia nur Eis essen wollen. Dafür klaut man ja wohl keine Jacht.«

»Ach nein? Wofür denn dann, Furzknoten?«, knurrte jemand Nils von hinten ins Ohr, weshalb der nun auch voll erschrak. Es ist halt nicht ganz so alltäglich, dass eine Frau sich in Gespräche einmischt, von der – wenn überhaupt – nur der Kopf zu sehen ist. Und zwar immer nur dann, wenn er wie ein Buzzer aus einem Bullaugenfenster von einem Kajütendach ragt.

»Shit, Tante Werner! Lass das! Das gehört sich nicht!«, schimpfte Nils mit ihr.

»Erzähl du mir, wat sich gehört, Däumling!«, raunte Inga Werner und dann wiederholte sie noch mal:»Also wofür?«

»Also wofür *was*?«

»*Wofür was, wofür was* ... Stell dich nich dümmer an, alsse bis! Wofür also klaut man denn eine Jacht, will ich wissen!«

»*So* schon mal gar nicht!«, zickte Nils zurück und da meinte dann auch Joshua zu ihr:»Sorry, aber das ist wohl besser, wenn Sie nur das Allernötigste wissen.«

»Ah, verstehe! Ich fass mal zusammen: Fünf Idioten klauen mir die Jacht und haben keine Ahnung von Tuten und Blasen, wie man dat Ding auf Kurs bringt. Noch wat vergessen?«

»Äh, nein, ich glaub, das war's ...«

»Dat war rhetorisch, du Vogel, weil, ta-taaa, hier folgt für den Jugendrichter der entscheidende Drops: ... Kidnapping einer Kripobeamtin!«

»What?«, fragte Joshua leicht verunsichert nach.

»Ja, Himmel, sollen wir dir es aufmalen oder vortanzen?«, fragte da aber überraschend Mathilda Frey völlig unbeeindruckt die Kripobeamtin vom Steuerstand her. Und sehr, sehr deutlich hinterher:»Es! War! Ein! Versehen! Kapiert?«

Inga Werners Kopf machte eine 90-Grad-Drehung in Richtung Cockpit und sie antwortete ebenfalls mit Nachdruck:»Dann! Mach! Die! Verdammte! Tür! Auf! Kapische?«

»Nein! Das gefährdet die Mission! *Du* gefährdest die Mission!«, antwortete Mathilda.

»*Mischen, Mischen!* Ich versteh hier immer nur *Mischen!* Wat soll dat werden hier, wenn's fertich is? *Mau-Mau* für Vollspacken, oder wat?!?«

»Ach, Frau Werner, Sie verstehen nichts«, seufzte sich nun auch Hauke ins Gespräch.

»Dann mach's mir verständlich, du Erklär-Bär! Ganz langsam und schön deutlich, weil: Dat Tante Werner is schon 'n Tach älter, verstehst du?«, kläffte Inga Werner zurück, die vielleicht gerade mal Mitte dreißig war. Möglicherweise aber auch schon Anfang vierzig. Ich weiß nicht. Bei Frauen ist das ja auch manchmal schwer zu schätzen, wie alt wirklich. Hauke jedenfalls setzte zur Antwort an, doch Mathilda bügelte darüber: »Nichts wird hier erklärt, *Frau Wachtmeisterin*. Es muss reichen, wenn ich dir sage, dass es um etwas sehr Bedeutendes geht!«

Inga Werner legte ihren Kopf schief ins Bullauge, fixierte Mathilda mit zusammengekniffenen Augen und fragte schließlich: »Dat is hier aber nich so 'n durchgeknalltes Selbstopferding, oder?«

Mathilda schüttelte selbstbewusst den Kopf und Gabi aber hob die Schultern und antwortete: »Non è sicuro!« … was so viel wie *Das ist unsicher!* heißt, was aber Inga Werner nicht verstand und die anderen auch nicht. Und im im nächsten Moment war's eh egal, was Gabi gemeint hatte, weil eine frische Brise aufkam, weshalb die komplette Anfänger-Crew wieder auf die beiden Segel glotzte, gespannt darauf, ob sich denn nun irgendetwas tun würde, und …

… tat es nicht. Beide Segel flatterten wie Bettlaken an einer Wäscheleine, aber in Bewegung brachten sie nichts. Mal abgesehen von einem selbst gemalten, riesigen Smiley mit Zunge raus auf dem vorderen Focksegel.

»Das passt irgendwie nicht zu dir, Tante Werner«, meinte Nils nachdenklich.

»Wat passt nicht zu mir?«, fragte Inga Werner genervt nach.

»Das Smiley da auf dem Fucksegel.«

»Dat heißt *Fock*segel und: War ich nich! Dat hat Torsten, der Knallkopp, dahin gepinselt.«

»Ist der dein Partner?«

»Dat geht dich einen Scheiß an!«

»Ich wette, nein!«, mischte sich Joshua ins Gespräch.

»Ich schätze auch, es ist eher der mit dem Lockenkopf«, tippte Hauke.

»Manni? Never! Ich meine, guck dir den an. Der …«, hielt Nils dagegen und …

… da grätschte Inga Werner schwer genervt dazwischen: »Sama, habt ihr eigentlich nix zu tun?«

»Wo sie recht hat, hat sie recht, Jungs«, stimmte Mathilda zu. »Wir müssen die Jacht in Gang kriegen, sonst passt das Timing unserer Mission nicht mehr!«

»Oh, sonst passt dat *Teiming für die Mischen* nich mehr«, äffte Inga Werner sie nach und bollerte dann auch noch hinterher: »Einen auf dicke Hose machen, aber zu doof, dat Boot ans Laufen zu kriegen.«

Da hatte die Dame im Bullauge einen wunden Punkt getroffen, und nach einem Moment der allgemeinen Sprachlosigkeit war es aber Joshua, der sein Handy zurück in die Plastikhülle steckte, entschlossen zum Focksegel hinüberkletterte und da mal an dem einen, mal an dem anderen Seil herumzuppelte. Worauf Gabi ihm zur Hilfe kam. Und beide zusammen fanden schließlich das, womit sie die Position des Focksegels ändern konnten: Ein Seil … welches ich jetzt einfach auch mal nur *Seil* nenne, weil auf einem Segelschiff hat anscheinend jede verdammte Schnur einen eigenen Namen. Jedenfalls: Joshua und Gabi fanden das Seil, welches an der unteren Spitze des Vorsegels befestigt war. Sie zogen es nach rechts und augenblicklich fing das Tuch die Brise Wind ein und blähte sich auf. Gabi, der vielleicht doch nicht zum ersten Mal auf so einer Segeljacht war, fädelte das Seil durch einen Leitblock mit Rolle drin und wickelte es um einen dieser Pömpel, die anscheinend genau für diesen Zweck sehr clever links und rechts vom Steuerrad angeschraubt worden waren. Und, Wunder über Wunder: Der

Jachtrumpf schwankte mit dem aufgeblasenen Focksegel leicht nach rechts und bewegte sich vorwärts. Langsam, *sehr* langsam, aber ein Anfang war gemacht.

Nils jodelte vor Begeisterung, Inga Werner rollte genervt mit den Augen und Mathilda rief anerkennend zu Joshua und Gabi rüber: »Sehr gut, Männer!« Und zu Hauke, der sich mittlerweile auf die Heckbank im Cockpit gesetzt hatte, meinte sie: »Das wäre dein Job gewesen, *Skipper*! Jetzt muss ich dich bestrafen. Wärst du mit *Kielholen** einverstanden?«

Da war eigentlich klar, dass das ein Scherz war, aber Hauke Petersen, etwas blass um die Nase, verzog nur leicht den Mundwinkel.

»Alles klar bei dir?«, fragte Mathilda, doch bevor Hauke auch nur irgendwas sagen konnte, brüllte Inga Werner aus ihrem Bullauge zu ihr hinüber: »**Achtung, Mädchen! Baum! Duck dich!**«

* bis ins 19. Jahrhundert schwere Strafe in der Seefahrt, bei der der Bestrafte mit einem Tau unter dem Schiffsrumpf durchgezogen wurde

»Was?«, fragte Mathilda mit einem Blick über die Schulter nach, nahm dann aus den Augenwinkel die Querstange des Großsegels wahr, die auf ihren Kopf zugeschossen kam. Glück hatte Mathilda Frey. Großes Glück! Im letzten Moment duckte sie sich nach unten weg und der Großbaum, wie das Ding der Länge nach heißt, schlug durch die aufgekommene Windbö voll nach rechts aus, das Großsegel machte *Wupp*, blähte sich also auf und die *Castrop-Rauxel* nahm nun richtig Fahrt auf.

Mathilda richtete sich wieder auf, peilte die Lage, griff nach dem Steuer und sagte etwas kleinlaut in Richtung Inga Werner: »Danke!«

»Nicht dafür, Mäuschen«, knurrte die aus ihrem Bullauge zurück. »Bedank dich, wenn ich hier rauskomm und dir den Arsch versohl!«

»Das wird nicht passieren, Schätzchen!«, grinste Mathilda nun leicht überheblich zurück.

»Ich schwöre dir, es wird passieren, Ische!«

»Sagt noch mal wer? Ach, richtig: die Kripotussi mit der Reaktionsschnelligkeit eines Pflastersteins.«

Da fiel Inga Werner erst mal nichts mehr drauf ein, dafür bekam sie aber wieder etwas mehr Farbe ins Gesicht. Weshalb Joshua dann auch kommentierte: »Ich glaube, das ist der Beginn einer wunderbaren Freundschaft.«

Worauf Hauke Petersen plötzlich aufsprang, sich an Mathilda klammerte und in einem kräftigen Strahl die Planken im Cockpit vollkotzte.

19

Peter Bauer drückte das Gaspedal sportlich ins Bodenblech und peitsche die fauchende Ape mit ihrem unbändigen 10-PS-Zweitaktmotor auf schwindelerregende 16 km/h hoch.

»Mach schneller!«, befahl Barbara Bauer neben ihm gequetscht sitzend.

»Geht gerade nicht. Wir fahren bergauf«, quakte Peter genervt.

Worauf Barbara erst mal nichts mehr sagte, weil sie nun mal tatsächlich eine ordentliche Steigung hochjuckelten, und es grenzte eher an ein Wunder, dass sie mit der über 30 Jahre alten Ape überhaupt den Berg hochkamen und nicht gleich wieder herunterrollten. Und die tapfere Ape hatte einiges zu stemmen: zwei erwachsene Personen, von der eine mindestens 5 Kilo zu viel draufhatte und *nicht* Barbara hieß. Außerdem waren da noch zwei Kisten, die festgezurrt auf der Pritsche standen. Möglich, dass die auch ordentlich was auf die Waage brachten ... vielleicht aber auch nicht. – Inhalt unbekannt.

Alles in allem konnte Barbara also auch froh sein, dass sie überhaupt vorankamen. Sie schwieg und zückte ihr Handy aus ihrer Handtasche.

»Schau mal nach, ob wir wieder ein Netz haben«, sagte Peter zu ihr.

»Rate, was ich gerade vorhatte!«, sagte Barbara, stellte das Handy an, Peter verdrehte die Augen und sie murmelte nach einer Weile: »Mist!«

»Immer noch kein Empfang?«

»Doch, aber der Akku ist fast leer. Sechs Prozent nur noch.«

»Dann lad ihn doch wieder auf«, schlug Peter vor und zeigte auf den Zigarettenanzünder in der Konsole direkt vor ihr.

»Ja, okay. Wo ist denn das Ladekabel?«, fragte Barbara und ...

... Peter sagte nichts, weil: »Du hast es im Volvo gelassen!«, erriet Barbara.

Peter nickte stumm, jetzt verdrehte sie genervt die Augen und stöhnte: »Dann gib mir dein Handy!«

Peter gehorchte, fummelte während der furiosen Raserei mit der Ape das Handy aus seiner Hosentasche und legte es seiner Frau in die hingehaltene Hand.

»Schreib dem Bengel, dass wir unterwegs sind und ihn in La Spezia einkassieren!«, diktierte Peter Barbara und die sagte einfach nur *Nein*. Peter schnaufte und sie tippte laut mitlesend ihre eigene Nachricht.

*Hoffe, ihr habt Spaß. Sollen wir
dich in La Spezia abholen?*

»Pf...!«, machte Peter eingeschnappt und steuerte die Ape die Bergkuppe hoch. Und weil nach weiteren erkämpften Höhenmetern aber immer noch keine Antwort von Joshua eingetroffen war, ertappte Peter sich selbst bei der diebischen Freude darüber, dass *der Bengel* auch auf Nachrichten von Barbara nicht reagierte. Bis ihm nach ein paar weiteren Metern tatsächlich selber auffiel, dass es ja *sein* Handy war, über das Barbara die Nachricht an ihren Sohn rausgeschickt hatte.

Weshalb Peter dann auch leicht zerknirscht vorschlug: »Schreib ihm, dass du jetzt *mein* Handy benutzen musst, sonst antwortet er nicht.«

»Schon geschehen!«, sagte Barbara und – *Ping* – rauschte prompt eine Antwort des Sohnes rein.

*Verstehe, Mama. Und: Danke, nein! Ihr müsst mich
nicht abholen! Keine Sorge, wir kommen klar!*

»Pf...«, machte Peter wieder, tat er aber so, als wäre es ihm total egal, dass sein eigener Sohn sich offenbar nun voll auf *Muttis* Seite geschlagen hatte. Aber dann freute er sich sogar, dass sie nun die Bergkuppe erreicht hatten und dass es an der nächsten Straßengabelung rechts runter nun deutlich bergab ging und die gute alte Ape an Fahrt gewann. Und da – ohne Vorwarnung – schoss ihm eine Erinnerung als gnadenlos kristallklares Bild durch den Kopf: Sein kleiner Sohn und er im Winter in den Bergen auf einem Schlitten wie sie einen Abhang herunterdonnern, und Joshi quietscht vor Aufregung und Glück und Peter auch, und beide unendlich glücklich werden schneller und schneller und rasen den endlos langen Abhang herunter, haltlos quietschend, endlos glücklich und ...

»Fahr bitte nicht so schnell!«, riss ihn Barbara aus dem Tagtraum.

Und da merkte er aber auch selbst, dass er mit der Ape zu schnell unterwegs war. Der Motor kreischte nervös wie eine Kettensäge und die Tachonadel zitterte am Ende ihrer Möglichkeiten – meint: jenseits der achtzig! Er bremste behutsam ab, schaltete vom vierten Gang zurück in den dritten und ...

... hinter der nächsten Kurve tat sich für beide Bauers ein Panorama auf, das Peters schmerzlich schönes Winterbild aus vergangenen Tagen endgültig wegschmolz: die Küste der Cinque Terre, gefühlte 1000 Meter unter ihnen. Mit einem Meer, so klar, so blau, so weit das Auge reichte.

»Ach, wie schön!«, seufzte Barbara mal für einen Moment entspannt gegen die Windschutzscheibe der geklauten Ape.

»Ja, sehr!«, seufzte auch Peter, nun ebenfalls entspannt, und im Slalommodus glitten sie mit der Ape sehr relaxed die Serpentinen der Küstenstraße hinunter.

»Ach, schau, das Dorf da unten. Wie pittoresk!«, schwärmte Barbara und zeigte auf die Ansammlung bunter Häuser, die wieder aussahen, als hätte sie ein sehr, sehr großes Kind mit seinen Pranken einfach so dahin geworfen und ... alles schon erzählt, wie verspielt es wirkt!

»Könnte Riomaggiore sein«, schätzte Peter, dass sie nun das fünfte und folglich letzte Dorf der Cinque Terre streiften. Immerhin waren sie ja auch schon fast eine volle Stunde mit der Ape unterwegs. Und mit der glitten sie entspannt Kurve um Kurve die schmale Straße hinunter. Und da wunderten sich die beiden schon ein bisschen, dass es so gar nicht mehr bergauf ging. Aber letztendlich schätzte Peter, dass die Straße weiter unten an Riomaggiore vorbeiführen würde, entlang der Küste bis zu ihrem Ziel La Spezia. So segelten sie weiter Kurve um Kurve im seichten Sinkflug den Häusern entgegen und …

… landeten am Ende mitten im Ort, der Vernazza hieß – dem Nachbardorf von Monterosso also – Luftlinie: knappe 3 Kilometer. Verfahren hatten sie sich! Aber so was von! Weshalb die ganz schöne Stimmung auch augenblicklich wieder im Keller war … oder in diesem Fall auf *Meeresspiegelhöhe*, weil tiefer ging grad nicht.

20

Regelrechte Hochstimmung herrschte zur selben Zeit auf der *Castrop-Rauxel*. Mittlerweile hatte vor allem Gabi den Bogen mit den optimalen Segelstellungen raus. Und Mathilda machte instinktiv alles richtig, indem sie die Jacht mit dem Wind elegant im leichten Schlängelkurs steuerte.

Respektvolles Gejohle für die beiden kam von Joshua und Nils. Und immerhin ein müdes *Daumen-hoch* vom seekranken Hauke, der neben den beiden auf der Bank im Heck kauerte. Aber das größte Lob bekam das Dreamteam von ihrer schärfsten Kritikerin: Inga Werner! Die hielt nämlich in ihrem Bullauge nach diversen Wutausbrüchen wegen allgemeiner Doofheit, eine Jacht ordentlich auf Kurs zu bringen, jetzt einfach mal die Klappe! ... was man dann eben schon als Lob werten konnte.

Die geklaute Jacht auf Kurs, der Rumpf rauschte durch das tiefblaue Wasser, die Sonne schien und Joshua genoss das alles in vollen Zügen. Er saß da zwischen Nils und Hauke und sah zu, wie Mathilda vor ihm das Steuer beinah zärtlich nur mit den Fingerspitzen führte, und ...

... da machte es *Ping* in seinem Handyschutzbeutel – eine WhatsApp. Von Fabian, José und Leo diesmal – seinen surfenden Kumpels aus Portugal also. Mit weiteren Fotos von hohen Wellen, Surfbrettern und den Jungs selber darauf und drunter. Und da konnte Joshua gar nicht anders, als einmal irre aufzulachen, weil um nichts in der Welt würde er das, was er gerade hier erlebte, mit einem *schnöden* Surfurlaub in Portugal tauschen wollen.

»Was ist lustig?«, fragte Nils ihn von der Seite und Joshua erklärte es ihm und zeigte die Bilder von seinen Kumpels.

»Sind die cool?«, fragte Nils.

»Ja, klar sind die cool. Sonst wären es ja auch nicht meine Freunde«, antwortete Joshua.

Und Nils darauf: »Das kenne ich anders. Achtzig Prozent der mir bekannten Menschheit besteht aus uncoolen Arschlöchern. Das ist amtlich!«

»Und wasse iste mit die übrige swannzich?«, fragte Gabi nach, der sich eine kleine Auszeit gönnte und sich zu ihnen auf die Heckbank gesetzt hatte.

»Von denen sind wiederum neunzig Prozent verstrahlt, aber ansprechbar.«

»Aha!?«, machte Mathilda. »Und wir so? Was sind wir für dich?«

»Ansprechbar!«, grinste Nils.

Eine weitere WhatsApp kam mit einem *Ping* auf Joshuas Handy rein.

»Heiß begehrt, der Herr Bauer«, kommentierte Nils wieder.

»Wer ist es jetzt?«

Joshua sah nach, las und seufzte: »Meine Eltern.«

»Freude! Joshis Mami und Papi. Was wollen sie diesmal?«, fragte Nils nach und Joshua las laut für alle vor:

Hallo, Joshi. Haben uns doch schon mal auf den Weg nach La Spezia gemacht. Könnte etwas dauern, bis wir dort eintreffen. Papa hat sich blöderweise verfahren! Geht's dir gut? Können deine Freunde überhaupt segeln? Mama

»Ach, wie süüüß! Tutzi-tutzi!!!«, machte es vom Kajütendach her. Der Frauenkopf im Bullauge – Inga Werner. Und die sagte noch mal zu Joshua: »Schreib deiner Mama, dat du dich mit den falschen Leuten eingelassen hast und dat diese dich voll mit in die Scheiße reiten. Schreib ihr dat, Joshi-Boy! Freut se sich!«

»Ganz sicher nicht, Frau Werner!«, antwortete Joshua und überlegte dann aber doch, wie er vor allem seine Mutter beruhigen konnte. Und da kam ihm auch eine halbwegs brauchbare Idee und er fragte Frau Werner: »Sie haben doch bestimmt einen Segelschein, oder?«

Und sie darauf so verdächtig freundlich: »Ja sicher, Schätzchen! Wenn du willst, zeig ich dir den Lappen. Musst du nur zu mir nach unten kommen.«

»Vorsicht, das ist ein Trick!«, warnte Mathilda Joshua. Der grinste Inga Werner aber auch schon selber an und erklärte:

»Meine Eltern haben mir immer gesagt, ich soll mich nicht von Fremden irgendwo hinlocken lassen.«

»Sehr löblich! Gute Eltern! Und die haben dir doch bestimmt auch mal verklickert, dat du nich klauen solls', richtig?!«

»Ja, aber von Jachten war nie die Rede!«, antwortete Joshua und alle – bis auf Hauke – lachten. Dann tippte er in sein Handy …

Yep! Haben einen richtigen Skipper an Bord.
Alles gut!

»Nicht schlecht!«, kommentierte Nils Joshuas WhatsApp-Nachricht, die er ganz selbstverständlich mitlas. Und dann fragte er wieder so grinsend hinterher: »Aber fehlt da nicht noch was?«

»Was?!«, fragte Joshua nicht wirklich, weil er ahnte, was folgte.

»Na, so was wie: *Hab dich lieb! Dein Schnupsi-Pupsi-Joshi-Bär.*«

Und was da schon bemerkenswert war, dass Mathilda Frey *und* Inga Werner gleichzeitig laut lachten. Weshalb bei Joshua auch kurz der Gedanke aufkam, dass die beiden sich irgendwie ähnelten. Das behielt er aber mal besser für sich. Und als kurz darauf noch mal eine WhatsApp von seiner Mutter reinkam, hielt er die Nachricht vor allem vor Nils, der alten Plaudertasche, verdeckt …

Das ist schön! Hab dich lieb, Äffchen! ♥

Da zog Hauke aber auch schon wieder die ganze Aufmerksamkeit auf sich, weil der aufsprang, es diesmal aber immerhin rechtzeitig bis zur Reling schaffte, um von dort ins Meer zu brechen. Und ob Inga Werner nun Mitleid hatte oder vielleicht auch nur versuchte, den armen Hauke auf ihre Seite zu ziehen, kann ich dir nicht sagen. Jedenfalls rief sie zu ihm rüber:

»Wat du jetzt brauchst, sind Antihistamine. Wegen der Stresshormone, verstehst du?!«

»N... n... n... uuuuUOORRRROAAAARRRR!«, antwortete Hauke ins Meer.

»Und? Hast du welche?«, fragte Mathilda sie.

»Ja, natürlich! Komm zu mir ins Unterdeck, dann gebe ich sie dir.«

Mathilda guckte sie ziemlich sparsam an und sagte schließlich auch: »Ich glaub dir kein Wort.«

»Clevere, kleine Bitch!«, antwortete Inga Werner und zu Hauke dann aber noch mal: »Junge, du musst dich in Richtung der Schiffsbewegung stellen und dich irgendwie relaxen. Dat hilft!«

Der grün-blasse Hauke drehte sich zu ihr um, nickte ihr dankbar zu, schleppte sich ganz nach vorn zum Bug, was, wenn du mich fragst, ein echter Fehler war, weil die Schaukelbewegungen sind bei Schiffen vorn allgemein noch mal eine Idee heftiger. Aber egal! Hauke jedenfalls klammerte sich mit beiden Händen fest an die Reling und fixierte den Horizont, wodurch er ein wenig aussah wie eine Galionsfigur, die pausenlos kurz davor war, das Meer vollzureihern.

»Was ist jetzt eigentlich mit deiner Mama, Schnupsi? Hat sie dir das abgenommen mit unserem Skipper?«, fragte Nils dann doch noch mal ziemlich albern nach.

Die beiden Ladys gackerten wieder wie in einer nervigen Sitcom, Joshua rollte die Augen und ...

... dann machte eine Männerstimme aus Cockpit-Richtung total bescheuert *Ring-Ring*.

»What the f…?!?«, fragte Mathilda sich, suchte und fand die Quelle des Geräuschs schließlich im Cockpit auf der Konsole vibrierend: Inga Werners Handy.

Ring-Ring ……… Ring-Ring ……… Ring-Ring

»Ist das nicht …?«, fragte Mathilda und Joshua antwortete: »… Torsten!«

Ring-Ring ……… Ring-Ring ……… Ring-Ring

»Das ist höchst albern und es nervt!«, knurrte Mathilda das Handy an.

»Dann geh doch mal ran!«, schlug Inga Werner vor.

Ring-Ring ……… Ring-Ring ……… Ring-Ring

»Don't do thiiis!«, warnte Gabi sie.

»Danke, Gabi, aber natürlich gehe ich da nicht ran. Das will die Lady hier ja nur. Damit wir uns verraten! Damit Torsten die Polizei ruft!«, grinste Mathilda nun Inga Werner von oben herab an.

Ring-Ring ……… R…

… Torsten verstummte.

»Chapöchen, Du Blitzlicht!«, lobte Inga Werner die Mathilda. »Aber weißt du wat?«

»*Wat?!?*«, äffte Mathilda sie nach.

»Dat is komplett wumpe, ob du da rangegangen wärs' oder nich. Wenn Torsten und die andern Jungs nix von mir hören, machen die sich eh alle ins Hemd, weil die Jacht weg is. Und dreimal darfst du raten, wohin die als Nächstes rennen.«

»Zur Polizei!«, rief Nils dazwischen.

»So sieht's aus, Laberschlumpf!«, bestätigte Inga Werner

und klatschte wieder müde Beifall unter Deck.

»Nicht, wenn ich für dich antworte. Per WhatsApp, versteht sich«, grinste Mathilda sie überheblich an.

»Dazu müsstest du mein Handy aber erst mal entsperren«, grinste Inga Werner ebenso überheblich zurück.

»Fuck!«, hörte Joshua Mathilda leise fluchen, weil sie nun auch sah, dass Inga Werners iPhone gesperrt war und sie nicht den Hauch einer Chance hatte, es zu öffnen.

Es sei denn ..., dachte Joshua, stand auf, flüsterte Mathilda etwas ins Ohr, worauf sie ihm das Handy übergab.

»Du denkst ja jetzt wohl nicht im Ernst, dat ich dir den Code vom Handy verrat ... *Schnupsi?!?*«, fragte Inga Werner dann, als Joshua mit dem iPhone am Cockpit vorbei zu ihr hinüberkletterte.

»Nein, natürlich nicht, Frau Werner«, antwortete Joshua gelassen. »Alles, was ich will, ist, dass Sie entspannt in die Kamera lächeln.«

Sagte es, hielt der verdutzten Inga Werner ihr eigenes iPhone mit der Displayseite vors Gesicht, das augenblicklich entsperrt wurde.

»Bingo!«, rief Joshua zu Mathilda rüber.

»Wat ...?«, fragte Inga Werner noch, aber da dürfte ihr auch selber klar geworden sein, dass sie ihr iPhone mit der *Face ID* entsperrt hatte.

Joshua öffnete in der Telefon-App die zuletzt gespeicherte Sprachnachricht und alle – bis auf Hauke vielleicht – hörten Torstens Stimme sagen ...

... ja, Tach, Tante Wern... Inga! Ich bin's. Torsten! Hömma, alles klar bei dir? Ich frag auch nur, weil Jürgen und Olli stehen hier grad vor mir rum und sagen, dat die Jacht weg is. Manni hier meint, dat du wohl immer noch ein bisschen sauer auf mich bis wegen der Funkanlage. Aber dat kann ja eigentlich gar nicht sein, oder? Ich mein, wir fünf hatten ja gestern noch Spass für zehn und am Ende hast du uns alle noch unter den Tisch gesoffen ... ...

... es folgte Rascheln und Knacken und gedämpfte Männerstimmen, weshalb Joshua die Sprachnachricht auch schon stoppen wollte, aber da hörte man den Torsten doch noch mal klar und deutlich sprechen:

... okay, Jürgen und Olli meinten auch grad noch mal, dass Manni nicht alle Latten am Zaun hat und mit uns beiden alles im Lot ist. Kennen wir ja auch von dir, dat du öfter einfach mal abhaust. Also, Tante Werner, Mast- und Schotbruch und kurier deinen Kater ordentlich aus. ... schüss!

Zwei Dinge, die da jedem klar wurden. Ding eins: Inga Werner hatte einfach nur ihren Rausch ausgeschlafen, als sie die Jacht enterten. Ding Numero zwo: Dem Torsten musste gar nicht geantwortet werden. Das erwartete der nicht mal. Was

Inga Werner auch noch mal eindeutig bestätigte, als ihr rausrutschte: »Torsten Kowalski, du Birnemann!«

Joshua gab Mathilda das Handy zurück und setzte sich wieder auf die Bank im Heck. Und Mathilda guckte triumphierend zu einer reichlich zerknitterten Inga Werner runter, schaltete höchst entspannt das Handy aus und legte es zurück in die Cockpit-Konsole. Gerade rechtzeitig auch, weil eine kräftige Windböe aufkam und augenblicklich die Segel aufblähte. Mathilda griff mit beiden Händen ins Steuerrad, das sich rotierend selbstständig gemacht hatte. Die Jacht wankte stark und klatschte durch die Wellen. Aber unsere Heldin brachte die *Castrop-Rauxel* wieder auf Kurs, riss enthusiastisch die linke Faust in die Höhe und rief: »**Kein Torsten dieser Welt kann uns aufhalten!**«

Hauke – vorn im extrem auf und ab schaukelnden Bug – sah aus, als würde er demnächst wieder *alles* geben, brachte aber noch ein *So sieht's aus!* raus. Gabi, rechts neben Joshua, hatte Mathilda wohl missverstanden und rief: »Viva il Torsten[*]!«

Und Nils, links neben Joshua, sagte ausnahmsweise mal gar nichts, weil …

[*] ital.: Es lebe der Torsten.

… der war nämlich soeben über Bord gegangen.

21

»Ja, Herrgott, woher sollte ich denn wissen, welches Dorf das hier ist?!?«, hatte Peter Bauer noch mal reichlich ungeduldig erklärt und Barbara spitz zurück: »Du *hättest* es wissen können! Du warst schon hier! Mit Joshua und ...«
»... und mit dir! Pah!«, vollendete Peter, weil auch Barbara sich offensichtlich nun ganz plötzlich daran erinnern konnte, dass sie hier *alle* schon mal zusammen essen gegangen waren. Vor einigen Tagen, in dem überfüllten Dorfkern, in einem komplett überfüllten Straßenrestaurant, mit sprachbegabten Göttingern als Nachbarn und einem launischen Ober, der falsch bediente.

»Von oben sieht ja auch alles irgendwie ganz anders aus«, sagte Barbara kleinlaut und konzentrierte sich wieder auf Peters iPhone, mit dem sie zuletzt die liebevolle Textnachricht mit *Äffchen und Herzchen* an ihren *fünfzehnjährigen* (!) Sohn rausgeschickt hatte.

Derweil tuckerte Peter mit der Ape durch Vernazza, suchte den Ortsausgang und fand die engste Gasse Italiens. So schien es ihm jedenfalls. Abwechselnd kratzte er mal mit dem linken, mal mit dem rechten Außenspiegel mit unschönen Geräuschen an den Häuserwänden entlang. Was dann auch aus den oberen Stockwerken von den Hausbewohnern kommentiert wurde. Und auch, wenn Peter den Sinn der italienischen Worte nicht verstand, war er sich ziemlich sicher, dass die Einheimischen ihm *keine* Komplimente wegen seines Fahrstils machten.

»Ich glaube, Joshi lügt!«, meinte irgendwann Barbara über dem Handy grübelnd, als Peter endlich in eine etwas größere Straße einbiegen konnte. In der allerdings herrschte grad Völkerwanderung. Amerikaner, Chinesen, Europäer ... *alle* waren irgendwie hier unterwegs.

»Mhmm ...«, machte Peter nur, weil er sich hier in der Via Roma, wie die überfüllte Kampfbahn sinnigerweise hieß, sehr darauf konzentrieren musste, keine internationale Krise herbeizuführen, indem er – wie er sich wild und politisch extrem unkorrekt ausmalte – einer chinesischen Oma über die kleinen Füße fuhr, die daraufhin mit ihrem Huawei-Smartphone am Selfie-Stativ vor Schreck einem übergewichtigen Amerikaner voll auf das Ohr haute, weshalb dem das Trommelfell platzte, worauf er kurzzeitig das Gleichgewicht verlor und sich schwankend an den Spaghettiträgern des glitzerbunten Kleides eines russischen Models festklammerte, dessen Mann einer mafiösen Organisation angehörte, dessen Geschäftspartner womöglich der Oberbürgermeister von Vernazza war, und ...

»*Mhmm* ... Ist das alles, was dir dazu einfällt?«, wiederholte Barbara etwas angespannt und Peter angespannt zurück: »Ja, er lügt! Wahrscheinlich! Aber das schreiben wir ihm nicht, okay?!?«
»Ja, natürlich nicht! Dann würde er am Ende vielleicht den Kontakt abbrechen und womöglich sein Handy ausschalten«, sprach Barbara aus, was Peter dachte.

»... und dann wäre sein Signal weg!«, ergänzte Peter wiederum den Gedanken seiner Frau.

Und da kannst du mal sehen, wie das ist, wenn Frau und Mann so lange zusammen sind wie die Bauers. Da verschmelzen die Gedanken im Laufe der Jahrtausende ganz automatisch wie Stalagmiten und Stalaktiten in einer Tropfsteinhöhle ...

Jedenfalls: Barbara und Peter waren sich einig, dass ihr Sohn ein Lügner ist, und ...

... auf der Zielgeraden der Via Roma fing die Ape plötzlich an, zu röcheln und zu husten. Der Tank war so gut wie leer. Ohne auch nur irgendjemandem ein Haar zu krümmen, manövrierte Peter die Ape aus dem Hühnerstall namens Vernazza heraus und dann fanden die Bauers glücklicherweise auch direkt am Ortsausgang eine alte Tankstelle. Mit dem letzten Tropfen des Benzin-Öl-Gemischs fuhren die Bauers mit *ihrer* Ape vor und kamen mit einer knallenden Fehlzündung direkt vor der antiquierten Zapfsäule zum Stehen. Der Lärm hatte auch den Tankwart in seinem Tankwärterhäuschen aus dem Schlaf gerissen. Der blieb aber einfach sitzen und gab Peter durch die Scheibe per Handzeichen die knappe Anweisung, dass er selbst die Ape betanken sollte. Peter gehorchte und tankte die Ape voll.

»Gibst du mir bitte mal das Portemonnaie?«, bat Peter Barbara, nachdem er den Schraubverschluss wieder auf den Tank gedreht hatte.

»Das habe ich nicht. Das hast du doch eingesteckt«, antwortete Barbara und ...

... jetzt folgt hier schon wieder ein feines Beispiel für die Gedankenverschmelzung des Bauer-Paars: Peter glotzte daraufhin nämlich total nichtssagend seine Frau an und *beide* Bauers wussten auf Anhieb, dass weder er noch sie das Portemonnaie aus dem Handschuhfach des Volvos mitgenommen hatte. Fakt also: Die Bauers waren blank. Und richtig ungünstige Kombi von Fakten: Sie waren blank *und* sie hatten es eilig. Weshalb Barbara kurz entschlossen auf die Fahrerseite rüberrutschte und Peter mit minimaler Kopfbewegung zu verstehen gab, dass der auf die Pritsche hinten klettern sollte. Und da wiederum kannst du mal sehen, welche telepathischen Fähigkeiten so ein Tankwart im Laufe seines jahrtausendwährenden Tankwärterdaseins entwickelt. Der hatte nämlich mit nur einem verschlafenen Blick durch sein halb offenes linkes Auge registriert, dass hier irgendwas nicht stimmte. Jedenfalls rollte er im nächsten Moment auch das rechte Augenlid langsam hoch und beobachtete sehr argwöhnisch die nächsten Schritte der beiden *Fremden* genau.

Peters nächster Schritt war, dass er seinen rechten Fuß auf den linken Reifen hinten stellte. Während er dann so tat, als würde er seine schnürsenkelfreie Sandale zubinden, drehte Barbara den Zündschlüssel herum und mit einem weiteren

Knall sprang die Ape an. Dann ging alles sehr schnell: Peter warf sich geschmeidig wie ein Kartoffelsack auf die Ladefläche und hämmerte einmal gegen das Schutzgitter zum Fahrerraum. Barbara verstand, haute den ersten Gang rein, gab Gas, ließ die Kupplung fliegen und ...

... würgte mit einem Hüpfer nach vorn den Motor ab, weshalb Peter mit dem Gesicht voll ins Schutzgitter flog. Indes sprang der Tankwart auf, weil er ja nun mal sah, was die beiden Touri-Trottel vorhatten. Barbara, hektisch, drehte erneut den Zündschlüssel bis zum Anschlag herum, der Ape-Motor hustete sich gequält zurück ins Leben.

Die Tür vom Tankwärterhäuschen fliegt auf – Barbara diesmal kuppelt etwas zarter den ersten Gang rein, fährt langsam an – Tankwart springt aus der Tür und erstaunlich wendig hechtet er zur Ape hinüber und greift mit beiden Händen nach der Kante der hinteren Klappe – Barbara gibt Gas – Tankwart verfehlt die Klappe, greift ins Leere und fällt der Länge nach hin – Barbara kurvt mit quietschenden Reifen von der Tankstelle herunter und brettert mit mörderischen 34 km/h die Straße ins Hinterland hoch. Kilometer um Kilometer.

»Das war knapp!«, kommentierte Peter von seiner Pritsche durch das offene Fenster der Fahrertür.

»Ja, das war es!«, bestätigte Barbara mit Herzschlag bis unters Kinn und mit einem adrenalingeflasht irren Grinsen in den Rückspiegel.

»*Bonnie und Clyde* – nichts dagegen!«, grinste Peter genauso aufgeregt zurück, womit er sie beide recht selbstbewusst mit dem legendären Gangsterpaar aus den USA verglich, das in den Dreißigerjahren durch den Mittleren Westen zog und Banken, Lebensmittelgeschäfte und, ja, auch Tankstellen überfiel.

»Wurden die am Ende nicht erschossen?«, fragte Barbara hinter dem Steuer und ...

... da bekam sie aber keine Antwort mehr drauf, weil Peter auf der Pritsche hockend ein hochtouriges Motorengeräusch wahrnahm. Er drehte sich nach hinten um und sah nur gut 100 Meter entfernt die Quelle des Geräuschs: eine Vespa! Näher kommend! Mit Tankwart ohne Helm drauf! Mächtig sauer auch!

»**Gib Gas, Bärbel!**«, brüllte er nach vorn in die Fahrerkabine.

Bärbel, verdutzt, schaute in den Außenrückspiegel und kapierte sofort, worum es ging – Tankwart im Verfolgermodus. Mit der Reaktionsschnelligkeit eines Formel-1-Piloten schaltete sie auf der steiler werdenden Bergstraße einen Gang herunter und trat gleichzeitig das Gaspedal durch. Wild heulte die Ape auf und beschleunigte auf furiose 37 km/h. Aber auch der Tankwart schaltete zurück in den zweiten Gang seiner Vespa und machte mit geschätzten 39 km/h Meter gut. *Kampf der Giganten!*

»Bärbel-Bärbel-Bärbel!«, beschwor Peter seine Frau im panischen Bärbel-Mantra, als er das Weiß des zornigen Tankwartauges sehen konnte.

Penne all'arrabbiata, gingen dem Peter da ganz bescheuert die *zornigen Nudeln* durch den Kopf, aber nichts fiel ihm ein, wie er den heranrollenden Tankwart aufhalten konnte.

»Festhalten und links rüber!«, hörte er seine Bärbel ... also *Barbara* brüllen und gerade rechtzeitig umklammerte Peter mit beiden Händen den Überrollbügel und verlagerte seine 94 Kilo Lebendgewicht auf die linke Seite der Ladefläche. Mit Vollgas und quietschenden Hinterreifen lenkte Barbara die Ape um eine Linkskurve, wie sie schärfer kaum hätte sein können – die erste von etlichen Spitzkehren, die auf der Straße ins Hinterland nun folgen sollten.

Hinter ihnen: der Tankwart, der mit der Vespa unsicher in die Schikane hineineiert und auf der kommenden Geraden beinah den Anschluss zur Ape-Einheit verliert. – Die Ape-Pilotin wiederum treibt das Dreirad weit auf die linke Fahrbahn, um den Radius der nächsten Spitzkehre zu vergrößern. – Ihr Copilot kreischt in den Abgrund, checkt dann aber auch, dass seine Partnerin wieder ungebremst in die nächste Schleife eintauchen will, und verlagert genau im richtigen Moment sein komplettes Gewicht über die rechte Seite der Ladefläche. Die Ape fliegt sportlich um die Spitzkehre. – Der *Vespawart* hingegen zeigt Nerven und bremst sich unsicher durch dieselbe Kurve. – Weitere Spitzkehren, Kurven und Schleifen folgen. – Die Bauers – eingespielt wie lange nicht. Der Tankwart, nicht in Bestform, wird abgehängt und …

… jetzt nur mal so angenommen, wenn du dem Peter Bauer am Morgen desselben Tages am Strand gesagt hättest, dass er wenige Stunden später surfenderweise auf der Ladefläche einer geklauten Ape stehen würde, hätte er dir ganz sicher einen Vogel gezeigt und dich sehr wahrscheinlich auch noch fortgeschickt, weil: Mit verrückten Leuten hat er von Berufswegen schon genug zu tun, dann bitte nicht auch noch im Urlaub.

Ding ist: Einige Stunden später stand Peter Bauer surfend auf einer geklauten Ape und dachte: *Schade, dass Joshi nicht dabei ist. Das würde ihm gefallen!*

22

»**Mann über Bord!**«, brüllte Joshua Mathilda panisch von hinten zu. Was die aber natürlich erst nicht ernst genommen hatte und über die Schulter zurückgrinste: »Das heißt jetzt *Mensch über Bord*, alter Chauvi!«

»**Nicht witzig, Mathilda Frey! Halt das verdammte Schiff an! Nils ist über Bord gefallen!**«, schrie Joshua mit überschlagender Stimme und da hatte er nun auch endlich ihre volle Aufmerksamkeit. Sie schnellte herum, glotzte den leeren Platz an, auf dem Nils zuvor gesessen hatte, und ... weiter nichts! Die sonst so kämpferische Mathilda Frey stand da wie in einem eingefrorenen Videoclip. Und dieselbe Schockstarre bei den Jungs. Weder Joshua noch Gabi wussten, was zu tun war. Von Hauke, der wieder zurück ins Heck gerobbt kam, ganz zu schweigen.

»**Rettungsring und Boje ins Wasser werfen und Ruder hart nach Lee legen! Aber ratzfatz, Herrschaften!**«, rief da jemand die Mannschaft zurück in den laufenden Horrorfilm: Inga Werner in ihrem Bullauge.

»Was? Ja, geht klar!«, stieß Mathilda aus, die sich dann auch augenblicklich wieder ans Ruder stellte und die *Castrop-Rauxel* sozusagen in den Wind steuerte, während Gabi den Rettungsring von der Reling löste und ihn zusammen mit einer roten Boje ins Wasser warf. Joshua suchte das Meer ab und entdeckte schließlich einen gelben Punkt rund 50 Meter entfernt von der *Castrop-Rauxel* – Nils' Käppi.

»Da! Ich seh ihn!«, rief er und zeigte drauf.

»Da steckt aber kein Nils drin«, brachte Hauke geschwächt von der ganzen Kotzerei heraus.

»Porca miseria!«, fluchte Gabi nervös, was in etwa so viel wie *Heilige Scheiße* heißt.

»**Reißt euch mal zusammen, ihr Pfeifen! Der kann nicht einfach so weg sein!**«, brachte Inga die Mannschaft noch mal in die Spur. »**In der rechten Backskiste ist ein Fernglas! Rausholen, Meer absuchen!**«

Joshua klappte die rechte Backskiste auf, fand das Fernglas und suchte nun in dem Radius, den Mathilda mit der Jacht gefahren war, das Meer ab: Wellen waren da, hier und da eine Schaumkrone, ansonsten: nichts! Kein Nils zu sehen!

Die Segel flatterten nach dem Wendemanöver nun im frontalen Windstrom und die *Castrop-Rauxel* lag beinah bewegungslos im Wasser. Mathilda stand wieder ratlos im Cockpit und hatte offensichtlich nicht den Hauch einer Ahnung, was sie als Nächstes tun sollte.

»Schmeiß den Flautenschieber an und fahr weiter im Kreis!«, befahl Inga Werner ihr.

»Den was?«, fragte Mathilda unsicher nach.

»Meine Fresse! Den Motor, Mensch!«, übersetzte Inga Werner und Mathilda gehorchte. Sie drehte den Zündschlüssel herum und mit ein paar klackernden Umdrehungen sprang der Motor an. Und währenddessen holte Gabi – der alte Mitdenker – die Segel ein.

Und Joshua? Der stand zusammen mit Hauke im Heck und suchte mit dem Fernglas weiter das Meer ab.

»Wie kann der einfach so verschwunden sein?«, fragte Joshua ihn und der antwortete trocken: »Abgetaucht?!«

»Nicht witzig, Hauke Petersen!«, machte Joshua ihm klar, schwenkte mit dem Fernglas mehr nach links, wo es genauso wenig zu sehen gab, und ...

... da bimmelte sein Handy.

»Scheiße, meine Eltern!«, dachte Joshua laut und wollte den Anruf auch erst gar nicht entgegennehmen, weil: Was sollte er denen sagen? Dass sie ein Besatzungsmitglied verloren hatten? Genau genommen einen *Freund*?!? Denn nichts anderes war Nils König für Joshua mittlerweile. Ein zugegebenermaßen ziemlich schräger Freund, von dem Joshua nicht einmal viel wusste ... und vermutlich auch nie mehr erfahren würde, wenn hier nicht noch ein Wunder geschah. Aber nichts geschah. Nur das Handy klingelte nervig in die Totenstille hinein, in der nur ein Flautenschieber den Takt angab.

»Jetzt geh doch ran!«, sagte Hauke zu Joshua, doch der schüttelte unmerklich den Kopf, während er mit dem Fernglas weiter den Horizont absuchte, weil: Er hatte Angst, den Anruf seiner Eltern entgegenzunehmen. Er hatte Angst, seiner Mutter oder vielleicht auch seinem Vater das Unwiderrufliche mitzuteilen, das Unsagbare auszusprechen: *Der König ist tot!*

Dann war Ruhe und Joshuas Handy schwieg. Wellen klatschten gegen die Bordwände, ein Motor tuckerte ... sonst nichts. Keine Wunder. Umso mehr konzentrierte sich Joshua, drückte das Fernglas noch fester ins Gesicht und ...

... da klingelte wieder sein Handy.

Nur ein gottverdammtes Wunder! Bitte!, betete Joshua im Stillen die grausame See an und dann entschied er sich nun doch, sein Handy aus der Hosentasche zu kramen.

Und während er den endlos leeren Horizont mit dem Fernglas absuchte, nahm er den Anruf entgegen und sagte mit wackliger Stimme ins Handymikro: »Mama? Papa? Es ist jemand ertrun...«

»Ich geb dir gleich *Mama-Papa*! Ich bin's, du Bauer!«, grätschte ihm jemand ziemlich ungeduldig in die Horrormeldung.

»W... wie – *ich bin's!?*«, wiederholte Joshua blöde.

»Hallo? Soll ich's dir vorsingen? Ich bin's! König! *Nils* König!«

»W... wo bist du?«

»Na, hier bin ich. Links von euch!«

»Was ist?«, fragte Mathilda nun auch nach, der die Überraschung in Joshuas Stimme ebenso wenig entgangen war wie dem Hauke, dem Gabi und *der* Werner!

Aber Joshua antwortete ihr nicht und schwenkte das Fernglas noch weiter nach links.

»Das andere *Links*, du Penner!«, bellte Nils' Stimme in sein Ohr, und Joshua fuhr mit dem Fernglas in Richtung Steuerbord herum – *rechts rum* also und ...

... entdeckte Nils König. Gute 100 Meter entfernt. Im Rettungsring. Mit Boje daneben und ...

... mit Handy am Ohr!

»Ihr seid einfach zu bescheuert!«, fluchte Nils in ein Badetuch gehüllt, das Inga Werner ihm aus ihrem Bullauge heraus spendiert hatte.

»Was heißt hier *ihr*?«, hielt Mathilda dagegen. »**Du** bist über Bord gegangen und **wir** haben dich gerettet!«

»Wenn **du** mit dem Kackschiff hier nicht so rumgeeiert wärst, wäre **ich** nicht über Bord gegangen!«

»Da hat er recht, Schätzchen!«, bekam Nils ausgerechnet Unterstützung von Inga Werner.

»Halt du dich da bitte raus, okay?!«, machte Mathilda klar.

»Wenn dat ne Frage war, dann nein!«, informierte Inga Werner sie aus ihrer Bullaugenposition.

»Keine Frage – *Imperativ!* Befehlsform! Solltest du dich mit auskennen, du Wachtmeisterin!«, konterte Mathilda.

»Kommissarin! Wenn schon, denn schon, Schätzchen!«, returnierte Inga Werner, und bevor darauf Mathilda reagieren konnte, grätschte Hauke schnell dazwischen und meinte zu Nils: »Mann, Mann, Mann, König! Was für ein verdammtes Glück, dass du dein Handy dabeihattest.«

»Ja, kann man so sagen. Dabei hatte ich es sogar verloren«, erklärte Nils und schob deutlich hinterher: »… nach meinem tragischen Sturz ins Meer, der verhindert hätte werden können.«

Mathilda blies entnervt Luft aus und Joshua hakte dann aber noch mal nach: Wow, was für ein Zufall. Wie hast du es wiedergefunden?«

»Bin abgetaucht!«

»**Pah!** Hab ich's gesagt oder hab ich's gesagt?«, triumphierte Hauke ein bisschen.

Und Nils etwas genauer: »Echter Vorteil, dass in der Handyhülle noch etwas Luft war. Da ist es weniger schnell gesunken, versteht ihr?« Alle verstanden und Nils fuhr fort: »Ich also hinterhergetaucht. Ein Meter, zwei Meter, drei Meter, vier Meter …«

»Quattro metri?!«, wiederholte Gabi skeptisch auf Italienisch.

»Ja, natürlich!«, bestätigte Nils so selbstverständlich und selbstverständlich weiter: »... dann viereinhalb Meter, dann fünf. Der Druck auf den Ohren war unerträglich, aber das Handy zum Greifen nah. Dann fünfeinhalb, sechs ...«

»Kann die Labertasche bitte noch mal über Bord gehen?«, fragte Inga Werner müde nach und bis auf Mathilda lachten alle. Selbst Nils, der sich dann auch kurzfasste und erklärte, dass die Jacht, nachdem er wieder *mit* dem Handy wieder aufgetaucht war, weg war.

»Echt pfiffig war aber, dass ihr den Rettungsring mit der Boje ins Wasser geworfen habt.«

»Sí!«, strahlte Gabi. »Dasse war Idee von Tante Wärnhär.«

»Kein Ding!«, lächelte Inga Werner.

»Das ist ja wohl Standard!«, brummelte Mathilda.

»Willst du was trinken, Nils? Ich meine, wegen Salzwasser und so«, fragte Joshua noch mal schnell, weil er erneuten Zickenkrieg ahnte.

»Äh, ja! Was gibt's denn?«, fragte Nils nach.

Joshua kramte in der IKEA-Tüte herum, die vor der versperrten Luke zum Unterdeck stand, und holte zwei Flaschen raus.

»Sprite und Tonicwater. Und in der Tüte ist noch eine kleine Flasche Apfelschorle.«

»Mag ich alles nicht so gern. Ich hätte jetzt lieber einen kleinen Prosecco oder zur Not auch einen Lambrusco ...«, witzelte Nils und Mathilda aber hakte ernst nach: »Sprite, Tonicwater und eine kleine Flasche Apfelschorle! Kein Wasser?«

Joshua ahnte seinen Fehler und entschuldigte sich: »Ja, sorry, aber es musste schnell gehen. Da habe ich aus dem Kühlschrank geschnappt, was grad da war.«

»Du warst für den Proviant verantwortlich, Joshua Bauer!«, erinnerte Mathilda ihn.

»Das musst du ihm jetzt aber auch nicht so aufs Butterbrot schmieren, finde ich«, wollte Hauke vermitteln. »Ich meine, wir sind doch nur ein paar Stunden unterwegs und da kommen wir schon irgendwie klar mit den Limos.«

»Er sollte *Wasser* besorgen! Sechs Liter Wasser. Für jeden einen und eine Ration in Reserve! *Sechs Liter insgesamt!!!*«

»Ja, ist gut! Ich hab's kapiert, okay?!? Ich hab verpennt und es tut mir leid! Wie oft soll ich es noch sagen?!?«, entschuldigte sich Joshua noch einmal.

»Ich nehme die Apfelschorle!«, entschied Nils und Mathilda direkt: »Aber nur ein paar Schluck, verstanden?!«

Da sagte jetzt niemand mehr was drauf und Joshua, der ihm die lauwarme Apfelschorle aus der IKEA-Tüte rüberreichte, schon mal gar nicht. Der war nun wirklich mächtig angepisst von Mathilda Frey. *Was bildet die sich ein?!?*, war sein Gedanke.

Und als ob Inga Werner exakt diesen Gedanken lesen konnte, sagte sie aus dem Bullauge frisch verschlagen in seine Richtung: »Eijeijei, Joshi, Joshi, Joshi! Merkst du wat? Eure Iron-Lady zieht jetzt mal andere Saiten auf. Schluss mit lustig!«
»Sag mal, *Inge*, welchen Teil von *Halt du dich da raus!* hast du nicht kapiert?«, blaffte Mathilda sie an.
»Sie heißt *Inga* und ich finde, sie hat recht. Du bist echt unentspannt!«, platzte es nun doch aus Joshua heraus. Und als sie ihn darauf so enttäuscht und sprachlos ansah, tat es ihm fast auch schon wieder leid, aber Nils meinte auch: »Yep, und da ist *unentspannt* noch echt untertrieben, *Captain Ahab*!«

Und jetzt kann ich dir auch nicht sagen, ob Mathilda die Anspielung mit *Captain Ahab* überhaupt kapierte, weil sie das Buch, in dem dieser verdammt unentspannte Typ vorkommt, vielleicht gar nicht kannte. *Moby Dick* lautet der Titel des Romans und der ist amtliche Weltliteratur. Nur mal so für den Fall, dass du das Buch selber mal lesen möchtest.

Also, keine Ahnung, ob Mathilda die Anspielung verstand. Aber sie guckte auch Nils überrascht und enttäuscht an, machte den Mund auf und ... dann stockte sie. Sie blickte zu Inga Werner rüber, die sie überlegen angrinste, dann wandte sie sich wieder an ihre Crew und sagte: »Ja, merkt ihr eigentlich nicht, dass **sie** hier diejenige ist, die versucht, einen Keil zwischen uns zu treiben? Sie will doch nur, dass wir uns streiten. Sie will, dass die Mission scheitert. Das ist so klar wie nur irgendwas!«

»Klar ist hier nur eins, Mäuschen. Dat ich hier rauskomm und dich langmach!«, sagte Inga Werner darauf und schob hinterher: »Eure Mission ist mir scheißegal. Ich weiß ja nicht mal, worum es geht.«

Worauf Hauke überraschend erklärte: »Die Mission sind die Kreuzfahrtschiffe vor La Spezia.«

»Hauke!«, ermahnte Mathilda ihn, aber der fuhr fort: »Wir werden uns einem dieser Pötte in den Weg stellen, um auf die Umweltverschmutzung aufmerksam zu machen, die sie verursachen.«

Vollkommene Stille herrschte da zunächst auf der *Castrop-Rauxel* und in diese sprach nach einer Weile Inga Werner hinein: »Ihr habt ja alle miteinander nicht mehr alle Latten am Zaun! Wer hatte denn die bekloppte Idee? Nein, stopp, lasst mich raten! Eure Tusnelda hier war's, richtig?!? Sie hat euch, Jungs, dazu überredet, bei dem Quatsch mitzumachen.«

»Correttamente!«, bestätigte Gabi und da holte Mathilda tief Luft und sagte: »Ja, korrekt, das war ich, Inga Werner! Und nichts daran ist Quatsch! Die Kreuzfahrtschiffe sind die größten Dreckschleudern dieser Erde. Und die ganze Tourismusindustrie sorgt dafür, dass Landstriche wie die Cinque Terre mit Tagestouristen überschwemmt werden. Zweieinhalb Millionen Menschen im Jahr! Sie kommen und machen hier alles kaputt! Langsam, stetig, endgültig! Aber es interessiert keinen. Weil es um Geld geht. Wie immer! Und jeder weiß es! Jeder! *Alle* schauen immer nur zu und niemand übernimmt Verantwortung! Aber das wird sich ändern! Mit uns! Weil irgendwer muss etwas unternehmen! Welle machen! Wenn nicht jetzt, wann dann, Inga Werner?!?«

Wieder Stille! Joshua vernahm nur die Wellen, die sachte gegen die Bordwände schwappten. Mathilda blickte Inga Werner in die Augen. Stumm, ernst, fordernd. Und die Frau im Bullauge hielt diesem Blick stand, bis ...

... sie irgendwann fragte: »War *dat* denn jetzt 'ne Frage, Mädchen?«

Und Mathilda irritiert zurück: »Was?«

»Dat mit der Welle machen! *Wenn nicht jetzt, wann dann ... Fragezeichen*???«

»Ja, klar war das eine Frage. Aber mehr so rhetorisch!«

»Also schon beantwortet!«

»Ja, natürlich schon beantwortet! Das meint ja wohl *rhetorisch*!«

»Verstehe! Und dat heißt, dat du mir konkret Fragen stellst, von denen dich meine persönliche Antwort gar nicht interessiert.«

»Ja, verdammt!«

Und da grinste Inga Werner sie wieder an, sagte schließlich: »Na dann?!« ... und verschwand unter Deck.

»Ja, und was sollte die Nummer jetzt?«, fragte Mathilda mehr so in die Runde und die Jungs zuckten nur mit den Schultern.

Bis Joshua schließlich auf eine vage Idee kam, zum Bullauge hinüberkletterte und dort deutlich hineinfragte: »Wenn nicht jetzt, wann dann?«

Und da schoss auch gleich wieder Inga Werners Kopf durch die Öffnung und die grinste: »Sehr gute Frage, Josh-Boy! Antwort: Morgen früh, neun Uhr, weil – Achtung: Wortspiel der

Extragüte – heute ist der Dampfer abgefahren – *hö, hö!*«

»W… was soll das heißen?«, fragte Mathilda nach.

»Dat soll heißen, dat ihr gepennt habt. Der letzte Kahn für heute ist schon um zwei im Hafen von La Spezia eingetrudelt. Und jetzt is es drei. Quasi Schicht im Schacht.« Ich wiederhole mich, aber was soll ich machen: Wieder Stille! Wellen – schwipp, schwapp –, ansonsten vollkommene, stumme Ratlosigkeit herrschte an Bord der *Castrop-Rauxel*.

»Die lügt doch!«, meinte Mathilda schließlich, aber da hielt ihr Gabi sein eigenes Handy hin und meinte: »Signora Wärnhär doesn't lie!«

Und nacheinander warfen alle einen Blick drauf, wonach Gabi gegoogelt hatte: der Anlegeplan der Kreuzfahrtschiffe, die die Cinque Terre ansteuern.

»Stimmt, vierzehn Uhr kam das letzte! Und jetzt, Mathilda?«, fragte Nils.

Und die überlegte und sagte dann: »Wir verschieben die Mission auf morgen früh! … einverstanden?«

Und da muss ich sagen: Hut ab, Mathilda Frey! Denn das war richtig groß und clever, dass sie die Frage noch so nachgeschoben hatte. Von jetzt auf gleich war alles wieder eitelster, versöhnlichster Sonnenschein und Joshua antwortete vermutlich für die ganze Crew: »Ja klar, einverstanden! *Welle machen!* Wenn nicht jetzt, dann eben morgen früh! Kriegen wir hin!« Darauf hielt er Mathilda die offene Hand zum Abklatschen hin. Und darauf erhellte sich auch ihr Gesicht und sie schlug ein.

… und nacheinander klatschten sie sich alle die Hände ab, und nachdem Mathilda zuletzt auch noch mit Nils einen kumpelhaften Bodycheck gemacht hatte, schaute sie noch mal demonstrativ so von oben herab auf das Bullauge mit Inga Werner drin. Die wiederum grinste sie ebenfalls an und sagte noch einmal zuckersüß: »Ich komme hier raus und dann mach ich dich lang, Schätzchen! Achte drauf!«

Mathilda aber antwortete nicht darauf und dann klingelte eh wieder das Handy von Joshua. Diesmal sah er nach, wer der Anrufer war, und obwohl er sah, dass es sein Vater war, nahm er den Anruf nun doch entgegen.

23

»... wie, was soll das heißen, ihr fahrt heute nicht mehr nach La Spezia?«, fragte Peter ins Handy, das er auf laut gestellt hatte, damit auch Barbara am Steuer der *Ape* hören konnte, was ihr Sohn sagte.

»Soll heißen, dass wir heute Nacht sehr wahrscheinlich auf der Jacht schlafen und morgen früh erst nach La Spezia segeln.«

»Ja, warum denn das?«, fragte Barbara nach.

Es folgte Rascheln, gedämpftes Sprechen, erneutes Rascheln und dann hörten sie ihren Sohn wieder deutlich zu ihnen sagen: »Weil es ... ähm ... sehr nice hier ist.«

Barbara und Peter guckten sich an und Peter sagte schließlich: »*Nice* also! Toll! Du hättest uns wenigstens mal fragen können!«

»Du hättest es nicht erlaubt!«

»Wieso *ich* jetzt? Deine Mutter hat schließlich auch ein Wort mitzureden und die ...«

»... hätte es dir *natürlich* erlaubt, Äffchen!«, fiel Barbara ihrem Mann herzerfrischend in den Rücken.

Peter verdrehte die Augen und er log in das Handymikro: »... und ich *sehr wahrscheinlich* auch. Egal! Gib mir doch bitte mal den Skipper von eurem Boot.«

Wieder kurze Pause, in der nur Geraschel und Gemurmel zu hören war, und Joshua schließlich betont locker: »Ja, klar. Einen Moment!«

Es tat sich wieder elendig lange gar nichts, und nachdem Peter *Hallo?* fragte, weil er wissen wollte, ob die Leitung überhaupt noch stand, hörten er und Barbara jemanden aus dem Lautsprecher sagen: »Allora, Signore e Signora *Power*! Hiere iste die Skipper. Alles iste tutto bene!«

»What?«, fragte Peter nach.

Und dieselbe Stimme übersetzte: »Allesseee gutt!«, und dann noch schnell ein »Arrivederci!« hinterher und ...

... dreimal *Tut* und dann war gar nichts mehr!

»Aufgelegt?!«, sagte Peter fassungslos. »Der hat einfach aufgelegt, dieser ... *Skipper*!«

»Das war kein Skipper!«, sagte Barbara, lenkte die Ape über die sehr kurvige Bergstraße an einem Ort namens San Bernardino vorbei, der so ziemlich auf der halben Strecke zwischen Vernazza und Corniglia liegt. Allzu weit waren die Bauers also noch nicht gekommen, aber immerhin: Den Tankwart hatten sie definitiv abgehängt.

»Wie, *das war kein Skipper*?«, wiederholte Peter und Barbara erklärte: »Das war einer von Joshuas neuen Freunden. Der italienische Junge mit dem Pferdeschwanz.«

Peter stutzte und Barbara klärte auf: »Der, der am ersten Abend mit dieser Veganerin am Nachbartisch gesessen hat und uns später noch einen schönen Abend wünschte. *Der!*«

»Ach ...«

»Ja, *ach*, Schatz! Ich vergesse nie eine Stimme! Weißt du doch«, erinnerte Barbara ihren Mann daran, dass sie als Musikerin nicht nur das absolute Gehör hatte, sondern auch ein

– wie soll ich sagen – fotografisches noch dazu. *Alexa* – nichts dagegen!

Peter schaute seine Barbara leicht kopfschüttelnd an und stellte fest: »Er verarscht uns!«

»Ja, klar verarscht der uns. Aber, Schatz, wir wissen, wo unser Äffchen ist!«, sagte sie und tippte verschlagen grinsend auf das Handy in Peters Hand, das den Bauer-Eltern eben auch als perfekte Überwachungs-App diente. Alles, was sie zu tun brauchten, war, dem Punkt der Ortungs-App zu folgen und ihren Sohn von dieser Jacht holen.

»In einem Punkt scheint Joshua immerhin die Wahrheit zu sagen«, vermutete Peter nach rund einer weiteren Stunde Fahrt mit der Ape durch das Hinterland der Cinque Terre.

»In welchem?«, seufzte Barbara leicht genervt. Sie hing schon seit einer gefühlten Ewigkeit hinter einer Traube von älteren Rennradfahrern, die sie auf der kurvig ansteigenden Straße ungern überholen wollte. Peter ließ sie kurz einen Blick auf das Display mit der Karten-App werfen und informierte sie: »Der Punkt bewegt sich nicht mehr. Was dann ja wohl heißt, dass sie tatsächlich vor Anker gegangen sind. Hier, in der Nähe von *Porto Venere*. Da müssen wir hin.«

Womit Peter das letzte Fischerdorf meinte, das ebenfalls sehr malerisch an der südlichen Spitze der Cinque Terre liegt.

»Nun fahrt doch bitte einfach mal an den Rand, Sportsfreunde!«, stöhnte sie die Herrschaften auf ihren Rädern durch die Windschutzscheibe an und unterstrich diese Bitte, in dem sie einmal kurz hupte, was ...

... *sofort* den Effekt hatte, dass *alle fünf Radler* sich noch breiter auf der schmalen Fahrbahn machten und der letzte in der Herrenformation sich den wulstigen Nacken verrenkte und mit erhobenem Zeigefinger tüchtig nach hinten schimpfte.

»Arschlöcher!«

»**Barbara**!«, empörte Peter sich halbherzig und gab dem froschähnlichen Typen ohne Hals, aber mit langen Beinen per Handgesten zu verstehen, dass er und seine Strampelfreunde doch bitte kurz rechts ranfahren mögen.

»**Rücksichtsloses Pack!**«, war die amtlich deutschsprachige Antwort des Mister Kermit.

»Wie bitte? Hat der gerade *Pack* gesagt?«, fragte Barbara nun echt sauer, und ohne eine Antwort abzuwarten, hupte sie noch mal und wedelte mit der Hand vor ihrer Stirn herum.

»Das bringt ja nichts!«, versuchte Peter seine Frau zu beschwichtigen.

»Sagt jetzt gerade mal der Richtige!«, gab sie zurück, womit sie ganz klar auf Peters Ausraster von vor ein paar Tagen da am Strand anspielte.

»Das war was anderes! *Ganz* was anderes! Die Kuh hat mich provoziert«, rechtfertigte Peter sich. »Weißt du, in so einer

Verkehrssituation wie dieser hier, sollte man einfach nur tief durchatmen und ...«

»Dummes Huhn!«, quakte der Frosch in Peters Ratschlag hinein und ...

... Peter knurrte: »Bärbel! Überhol die Sau!«

»Peter!«, grinste Barbara empört, schwenkte so weit wie möglich nach links hinüber und gab Gas.

»Das ist ja wohl ...«, quakte der Frosch.

»Eine Unverschämtheit ist das!«, kläffte der Mann vor dem Frosch und die anderen drei Männer schimpften auch noch irgendwas und drohten mit Anzeige, als Barbara auf ihrer Höhe war. Dann aber, ganz ungünstig: Gegenverkehr! Zum Glück nur einer dieser kleinen, wendigen Traktoren, wie sie in der Cinque Terre oft genutzt werden, aber: immerhin ein Traktor, dessen Fahrer die abschüssige Fahrbahn ganz normal nutzte und mit Vollspeed um die Kurve bretterte. Reaktionsschnell ging Barbara in die Eisen, fiel wieder hinter das zeternde Rennradquintett ab und ordnete sich gerade noch rechtzeitig hinter dem Froschmann ein. Richtig blöd war nur, dass die aufgebrachten Radler den heranrasenden Traktor vor lauter Empörung erst sehr spät registrierten. *Zu* spät beinah. Die Herren zogen hektisch ihre Drahtesel von der Fahrbahnmitte nach rechts hinüber. Wobei sie sich ganz blöd ineinander verkeilten und der Froschmann seinen vier Radsportfreunden auch noch von hinten reinfuhr. Unkontrolliert eierten sie alle fünf von der Fahrbahn, landeten im Graben, wo sie zu guter Letzt zeitlupenartig einer nach dem anderen wie Dominosteine umkippten.

»Sehr gut, Barbara! *So* geht defensives Fahren!«, lobte Peter seine Fahrerin und dann winkten sie beide auch vorbildlich dem entgegenkommenden Weinbauern auf seinem Traktor freundlich zu und der freundlich zurück.

Sie fuhren weiter und weiter. Porte Venere hieß also das neue Ziel. Mit einer geklauten Ape und einer halben Tankfüllung Benzin noch – ebenfalls geklaut. Ansonsten: mittellos! Kein Geld, nichts zu essen, ihrem Sohn auf den Fersen. *Der* Sohn, der zusammen mit *seinen Leuten* vermutlich gleich mal eine komplette Jacht geklaut hatte. Peter umriss gedanklich diese Gesamtsituation und – ganz eigenartig: Sie gefiel ihm irgendwie! Es war eine deutliche Abweichung vom Urlaubsstandardprogramm. Und alles in allem hatten sie beide ja die Situation unter Kontrolle ...

»Wir haben uns verfahren!«, bremste Barbara Peter gedanklich aus und brachte auch die Ape zum Stehen ... kurz vor dem überraschenden Ende der Straße ... mitten im Wald.

»Schon wieder?!«, seufzte er.

»Wie – *schon wieder*? Beim ersten Mal bist *du* falsch abgebogen!«

»Dann steht es jetzt eins zu eins! Jeder macht mal Fehler!«

»Du mehr als ich!«

»Wie – *du mehr als ich!*?«

Worauf Barbara dann aber gar nicht mehr einging und Peter bat, die Karten-App auf seinem Handy zu aktivieren, um zu schauen, wo sie gerade waren. Peter tippte sein Handy an, rief die Karten-App auf, sah, dass ihr Standort irgendwo zwischen Küste und La Spezia lag, und ...

... da poppte ein neues Dialogfenster auf:

Batterie fast leer – noch 20 % Batterieladung

»Fuck!«

»Peter, bitte!«

»Mein Handy macht es auch nicht mehr lange! Nur noch zwanzig Prozent«, erklärte er ihr.

»Fuck!«

»Sprache, Schatz, Sprache!«, ermahnte er sie wiederum nicht wirklich ernst, schaltete sein Handy aus und sagte: »Wir wissen ja nun, wo sie vor Anker gegangen sind. Wir fahren dahin, leihen uns von irgendwelchen Leuten am Strand eine Luftmatratze oder schwimmen notfalls selbst zur Jacht rüber. *Easy!*«

Barbara sah ihren Mann jetzt irgendwie nachdenklich an, weil der Plan auch in ihren Ohren möglicherweise eine Spur zu schlicht klang, aber schließlich nickte sie und sagte: »So machen wir's. *Easy peasy!*«

Da war es irgendwas um 5:00 Uhr nachmittags. Und nach einem nervenaufreibenden Gegurke durch ein Labyrinth von Bergstraßen, das von oben betrachtet an die Nudelreste auf einem Teller erinnerte, hatten sie eine gute Stunde später tatsächlich ihr Ziel erreicht: die Küste nördlich von Porte Venere. Sie parkten die Ape am Ende eines Schotterweges und liefen die letzten 100 Meter zu Fuß durch den Wald bis zum Meer.

Peter hatte sein Handy wieder eingeschaltet, um zu schauen, ob sie auch wirklich auf der selben Höhe mit der Jacht waren. Ich sag mal so: *Ja* und *nein*! Schwer zu erklären, weil – *ja* – Höhe passte! Also landkartentechnisch betrachtet. Und ganz klar *nein*, weil ...

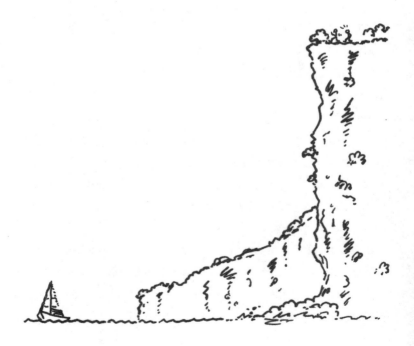

»Achtung!«, schrie Barbara ihren aufs Handy glotzenden Mann an, packte ihn von hinten am Hemdskragen und riss ihn zu Boden.

»W...?«, wollte er seine Frau erst noch fragen, was das denn nun sollte, doch als er sich wieder aufrichtete, sah er selbst, wo er hinter den letzten Büschen handyblind beinahe hineingetapst wäre: Ins Nichts! Genauer: Von der schroffen Steilküste rund 300 Meter tief ins türkisfarbene Meer. – Da hatte der Peter jetzt mal richtig Glück gehabt. Und als sie beide dann auch tatsächlich die Jacht entdeckten, auf der ihr Sohn sich laut Ortungs-App ganz sicher aufhielt, war ... nein, korrigiere: *wäre* die Freude auch groß gewesen. Der Witz war eben, dass die Jacht tatsächlich nur gute 200 Meter vor der Küste vor Anker lag, aber für die beiden eben da oben auf der Klippe war sie ...

»... absolut unerreichbar!«, stellte Peter auch noch mal resigniert fest.

Barbara sah an beiden Seiten der scheinbar endlosen Steilküste entlang, blickte nach unten auf die Jacht, wie sie ruhig, aber unerreichbar im Meer lag, sah darauf ihren Mann an und sagte: »Ich kann nicht mehr!«

Peter nickte, weil der auch fertig war, und ...

... was ich ja immer sage, wenn die Lage mies und aussichtslos scheint: Einfach mal zusammenreißen und das Beste draus machen! – *Easy peasy!*

Die Bauers beschlossen, an Ort und Stelle zu bleiben und exakt hier am Rand der Klippe ihr Nachtlager aufzuschlagen – mit der Jacht im Blick. Was die beiden irgendwie beruhigend fanden, weil sie eben wussten, dass ihr Sohn nun in Reichweite war ... Klippe hin oder her.

Und wie das halt so ist, wenn man lockerlässt und sich entspannt: Die beiden stellten fest, dass sie seit dem Frühstück nichts mehr gegessen hatten, und Durst war natürlich auch Thema. Sie erinnerten sich, dass sie an Wein- und Obstterrassen vorbeigekommen waren. Landeinwärts lagen diese. Doch bevor sie die 4 bis 5 Kilometer mit der Ape zurückgurkten, um ein paar Tomaten, Feigen oder Weintrauben zu stibitzen, kamen sie doch noch mal auf die Idee, in den Kisten nachzuschauen, die auf der Pritsche der Ape festgezurrt standen. Was schlau war, denn die Ape gehörte Giuseppe Lombardi, dessen Schriftzug auch geschwungen auf den Türen stand. Der Name sagt dir jetzt vielleicht nichts, aber genau dieser Giuseppe Lombardi hatte den Lastenroller da am Feldrand geparkt, weil er mal kurz – wie soll ich sagen – austreten musste. Für kleine Jungs eben! Und sagen wollte ich eigentlich nur: Giuseppe Lombardi war unterwegs von seinem kleinen Hof im Hinterland nach Monterosso, wo ihm der kleine Kramladen an der Promenade gehört. Und ich sag dir: Du kriegst da alles. Von Haushaltsstreichhölzern über allerfeinste Köstlichkeiten bis zu Harpunen für die Oktopusjagd – alles eben! Will sagen: Die Bauers hatten mal so richtig Schwein mit der Auswahl ihres geklauten Vehikels. Im besten Sinne auch, weil neben Streichhölzern, dem verschweißten Parmesankäse und den frischen Brotfladen auch fünf feinste Trüffelwürste vom Wildschwein in der einen Kiste waren. Und sag dazu böser Zufall oder Gottes

Geschenk: In der anderen Kiste lagen drei Flaschen Prosecco, sechs Flaschen Rotwein und ein uralter Grappa – für den Transport in einer alten, aber sauberen Decke eingewickelt.

»Wenn das hier vorbei ist, kriegt der Herr Lombardi das alles zurück«, meinte Barbara, als sie auf der alten Decke neben Peter saß und ihm die Proseccoflasche reichte.

»Auf jeden!«, grinste Peter, nahm die Flasche entgegen, trank auch noch einen großzügigen Schluck und ...

... dann sahen sie beide satt, zufrieden, gedankenverloren und auch ein bisschen beschwipst in das kleine Lagerfeuer, das sie nach einem spektakulären Sonnenuntergang am Klippenrand ihrer Steilküste entfacht hatten.

24

Der Witz war: Exakt zur selben Zeit blickte auch Joshua vom Oberdeck der *Castrop-Rauxel* zufällig zu dem fernen Lagerfeuer hoch und fragte sich, wer da wohl sein mochte.

Und als ob Nils neben Joshua sitzend seine Gedanken lesen konnte, sagte der zu ihm: »Schätze, das ist ein Leuchtfeuer für Drogenschmuggler.«

»Quatsch!«, grinste Joshua. »Da oben sitzt ein weißer Clown mit seinen Luftballonwursttieren um das Lagerfeuer herum und sie plaudern darüber, wie der Tag so war.«

»Hast du schon wieder was geraucht?«, wollte Hauke wissen, der noch ein wenig blass um die Nase war, aber insgesamt gesehen hatte er sich etwas vom Segeltörn erholt.

»The white clown? Don Sticky?«, fragte Gabi verdutzt nach, weil der den weißen Clown anscheinend persönlich kannte. »*Don Sticky* heißt der? Wie passend ist das?!«, meinte Nils wieder, der den Clown zufällig ebenfalls kannte, und Mathilda, die den Kreis schloss, fragte: »Warum *passend* was?«

Worauf Gabi nur geheimnisvoll lächelnd die Schultern hob, aber Nils erklärte: »Das ist der Dealer von Mami. Weiß ich alles, weil wir den schon ein paarmal in Monterosso getroffen haben ... so *rein zufällig!* Und dann sagt Mami immer, dass ich mal eben warten soll, und ich frag: *Warum?* Und sie dann wieder, dass er ihr eben so schrecklich leidtäte und sie ihm einen rosa Pudel abkaufen müsse. Für fünfzig Euro, Herrschaften!«

»Fünfzig für den rosa Pudel!?!«, wiederholte Joshua ungläubig.

»Yep! Und für eine Handvoll Stickys, die der weiße Clown Mami in die Hände drückt. Alles gesehen, weil ich bin weder doof noch blind. Aber, echt süß, Leute: Mami tänzelt nach dem Drogeneinkauf immer glücklich auf mich zu und schenkt mir den rosa Pudel.«

»Also hast du über Don Sticky den *Nachtisch* gestern Abend besorgt«, schlussfolgerte Joshua messerscharf.

»Don Sticky doesn't sell to young people!«, wusste Gabi und Nils antwortete: »Natürlich nicht, Bauer! Was denkst du dir?! Den Sticky habe ich aus Mamis Nachttischschublade gemopst.«

»Gute Ware!«, meinte Hauke darauf noch mal respektvoll mit Daumen hoch.

»Fortissimo!«, bestätigte Gabi und ...

... aus dem offenen Bullauge neben der Plauderrunde hörte man Inga Werner fröhlich rufen: »For the record, Leute: Ich bin bei der Drogenfahndung und ich versteh jedes Wo-hoooort!«

»Du verstehst überhaupt nichts, Inga Werner!«, rief Mathilda ins Bullauge zurück.

»Wat ich alles versteh und du noch lange nich, Schätzchen, da unterhalten wir uns später noch mal drüber. Jetzt bin ich am Kochen!«, gab Inga Werner zurück, die allem Anschein nach tatsächlich vorn im Salon vor dem Herd stand und kochte. Brutzelgeräusche waren zu hören und aus den Ritzen der Tür und den Luken strömte der feine Geruch von gedünsteten Zwiebeln, Knoblauch, Ingwer und was weiß ich, welche Zutaten sie da noch in die Pfanne schnippelte. Jedenfalls drang ein köstlicher Duft in die Nasen der hungrigen fünf, deren eigenes Abendessen eher dürftig ausgefallen war. Dank Joshua, dem Proviantbesorger! In der Hektik morgens hatte er neben den Limos eine Packung Cornflakes, einen Apfel, sechs Zitronen und eine Flasche Ketchup in die IKEA-Tüte gepackt. In der Kombi alles nicht *ganz* so lecker.

»Wie sieht's eigentlich mit Dessert aus?«, fragte Nils in die Runde und rührte bei Joshua natürlich noch mal extra tief in derselben Wunde herum.

»Trink den Ketchup! Da ist Zucker ohne Ende drin!«, grinste Mathilda und was machte Nils? Richtig! Er spritzte sich aus der Plastikflasche Ketchup in den Hals.

Mathilda, Joshua, Gabi und Hauke sahen stumm zu und schüttelten sich leicht angewidert.

»Auch nicht so der Brüller, aber immerhin: Es ist tatsächlich sü...«, beschrieb Nils unvollständig, weil sein Handy in seiner Hemdtasche klingelte.

Er nahm den Anruf entgegen und rief gut gelaunt ins Handymikro: »Hi, Mami! Was gibt es?« Nils lauschte, dann sagte er: »Das ist toll, Mami. Viel Spaß auf der Party und ...« Nils wurde von seiner Mutter unterbrochen, dann antwortete er: »... ich? Ich hab mit meinen Freunden eine Jacht gemopst, haben dabei aus Versehen eine Kripobeamtin als Geisel genommen und jetzt trinke ich Ketchup!« Schallendes Lachen tönte vom anderen Ende der Leitung her in das Handy, worauf sehr wahrscheinlich noch etwas sehr Nettes folgte, denn Nils antwortete darauf: »Ich dich auch, Mami! Bis morgen!«

Er beendete das Telefonat und strahlte in die Runde: »Das war Mami!«

»We know!«, lächelte Gabi und Joshua guckte ihn nachdenklich an und fragte ihn: »Sag mal, macht deine Mutter sich eigentlich nie Sorgen um dich?«

Und Nils erstaunt zurück: »Nein, warum sollte sie? Die ist jetzt eh mit ein paar anderen Damen auf eine Party gegangen und da hat sie überhaupt keine Zeit, sich über irgendwas Sorgen zu machen.«

»Scheint ja eine lebenslustige Lady zu sein, deine Mami«, meinte Hauke.

»Ja, seit der Scheidung geht's wieder«, bestätigte Nils fröhlich.

Worauf Joshua echt betroffen nachfragte: »Ja, tut dir das denn gar nicht leid, dass deine Eltern sich getrennt haben?«

Nils überlegte kurz und antwortete: »Nein, nicht wirklich! Weißt du, Paps geht schon okay und Mami ja sowieso. Nur zusammen? Ich sag dir: *Katastrophe!* Und da ist es doch wohl besser, man beendet das Ganze rechtzeitig, bevor jemand sterben muss. Und du darfst ja eins einfach nicht vergessen, Bauers Sohn: Paps, der alte Immobilienhai, hat sehr viel Kohle und da muss er Mami jeden Monat ordentlich was von abdrücken, damit keiner sterben muss.«

Da waren alle erst mal ein Weilchen sprachlos, weshalb aus dem Bullauge Inga Werner vom Esstisch her rief: »Wat is los da oben? Jemand gestorben?«

Und Mathilda antwortete: »Ja, alle tot, Irmgard Werner! Jetzt sind nur noch du und ich übrig!«

»*Inga* Werner!«, korrigierte Inga Werner sie stoisch und schob hinterher: »Am Ende kann es immer nur eine geben!«

»So ist es, Ingrid Werner! Und das werde ich sein!«

»*Inga* Werner immer noch! Und jetzt lass mal gut sein, Püppi. Ich bin hier grad am Essen! Hmmmjam-mjam-mjam … **lecker!**«

Besteckgeklimper war zu hören und in den allgegenwärtig verführerischen Essensduft raunte Hauke: »Sie ist böse!«

»Grausam!«, vervollständigte Joshua.

»Disumana*!«, setzte Gabi noch einen drauf.

* ital.: unmenschlich!

»Ich gib dir gleich *disumana*, Freundchen! *Guten Appetit* heißt dat!«, meldete sich Inga Werner doch noch mal schmatzend zu Wort.

»Gute Appe…«, wiederholte Gabi brav und diesmal preschte Mathilda dazwischen: »Und, **Und**, Joshua Bauer? Woher kommst du eigentlich?«

»What?«, fragte der doof nach.

»Sie will ablenken, Schnupsi!«, mischte Inga Werner sich erneut ein, worauf Mathilda spontan wieder so knarzend lachen musste, und dann hatte sie sich aber auch gleich wieder unter Kontrolle und fragte fordernd nach: »Woher du kommst, will ich wissen.«

»… äh, Bielefeld!«, antwortete der dann auch.

»Und *deine* Eltern?«, fragte Nils.

»Wie – *meine Eltern*? Was soll mit denen sein?«

»Glücklich zusammen? Oder nur noch Fassade? Steht eine Scheidung an? Falls ja, zu wem wirst du ziehen? Sag an, guter Bauer! Nur freiheraus!«

Joshua guckte Nils betont müde an und hatte dann auch erst gar nicht vor, darauf zu antworten, weil ihm das alles irgendwie doch echt zu privat und viel zu persönlich war, und …

… da überraschte er sich selbst ein wenig, als er sich sagen hörte: »Schätze, die verstehen sich nach zweihundert Jahren immer noch ganz gut, und wenn sie sich trotzdem trennen, ziehe ich ganz klar zu meiner Mutter!«

»Verstehe! Und was kann dein Daddy so?«, fragte Nils nach.

»Mich nerven!«

»Ich meine beruflich! Ist er ein Player? Womit macht der Mann euch glücklich?«

»Hallo?!?«, mischte Mathilda sich ein. »Wir leben im einundzwanzigsten Jahrhundert, König! Schon mal was von Emanzipation gehört? Gleichberechtigung? Klingelt da irgendwas bei dir?« Worauf Nils mit Finger am Kinn so tat, als würde er nachdenken, um schließlich fröhlich rauszuhauen: »Nein, nichts! Sollte es?«

»Ja, sicher klingelt da wat bei dir, du Türstopper!«, mischte sich nun auch Inga Werner von unten ein. »Nämlich bei dir gleich wat in der Hose, wenn Tante Werner hochkommt und dir zeigt, wo der Hammer hängt!«

Und da musste Mathilda schon wieder so unterdrückt lachen und alle anderen sowieso. Nur Nils rollte die Augen und wiederholte seine Frage dem 21. Jahrhundert fast angemessen: »Also guuut: Womit machen dein Herr Papa und Frau Mama dich glücklich?«

Joshuas Antwort: »Meine Mutter ist Klavierlehrerin und mein Vater ist Sozialpädagoge.«

»Wie abgründig!«, entfuhr es Nils gespielt entsetzt.

»Sag mal, König, hat dir jemals jemand gesagt, dass du eine grundunsympathische Art an dir hast?«, wollte Hauke von ihm wissen und Nils darauf sofort: »Ja, meine Omi!«

Warum, wollte dann aber keiner mehr wissen und so nahm Joshua die Gelegenheit wahr, von sich abzulenken, indem er Mathilda fragte, woher sie denn kommt und was ihre Eltern so machen.

»Ich? Ich komme gerade aus Transsylvanien, meine Mutter ist Sektenführerin in Indien und mein Vater Helikopterpilot in Grönland.«

Da lachten sie alle und Joshua irgendwie müde mit, weil der sich nicht anmerken lassen wollte, dass er sich grad schon sehr über Mathilda Frey ärgerte. Was ich persönlich verstehen kann. Von jemandem vorgeführt zu werden ist einfach nicht witzig. Schon gar nicht, wenn man diesen *Jemand* mag ... also wirklich *sehr* mag, so wie Joshua eben Mathilda ... was dem Joshua in diesem Moment um ein weiteres Mal mehr klar wurde, dass er so was wie Gefühle für diese extrem powervolle, außergewöhnlich mit- und hinreißende ... *Kuh* entwickelt hatte. Aber, wie gesagt, Joshua ließ sich jetzt mal so gar nichts anmerken und dann war der Ärger auch schon wieder so gut wie ganz verflogen, als Mathilda ihr Handy aus der Seitentasche ihrer Cargohose zog, die Kamera aktivierte und ganz überraschend anfing, mit einem Schwenk in die Runde einen Clip für ihren YouTube-Kanal zu drehen. Dabei kommentierte sie aus dem Off: »Das hier, liebe Leute da draußen, wo immer ihr seid, ist nicht meine Mannschaft. Es sind Freunde! *Meine* Freunde! Und: It's magic! Weil, ganz gleich, woher wir kommen und ob unsere Eltern reich sind oder gar nichts haben, wie ... egal wie wer: Wir zusammen haben ein und denselben Spirit. Und wir werden handeln! Wir werden Welle machen! Für euch, für uns und ...«

»... auch für Tante Werner?«, grätschte Inga Werner aus dem Unterdeck bestgelaunt in die Message.

»Ach Mensch, Tante Werner, jetzt hast du alles kaputt gemacht. Die ganze schöne Stimmung! Das kriegt man doch nie wieder so hin«, regte Nils sich künstlich auf.

»Lass gut sein, Nils König! Den letzten Satz wiederhole ich dann einfach noch mal und ersetze die *Tante Werner* durch *die Welt!*«

Sagte es, setzte den Clip diesmal sehr wirkungsvoll im Selfie-Modus fort und sprach zum Display: »Für euch, für uns und für die We...«

»Dat geht nich!«, keilte Inga Werner schon wieder in die Ansprache.

Mathilda drückte auf Pause und fragte genervt zurück: »Warum sollte das *nicht* gehen?«

»Weil nichts in der Welt kann mich ersetzen, du *Wonder Woman*. Merk dir dat für später!«

Aber da reagierte Mathilda Frey nicht mehr drauf und dann war eh Schlafenszeit.

Von Vorteil war: Mathilda hatte ihren riesigen Rucksack mitgenommen. Samt Zelt, Schlafsack, Isomatte – alles dabei. Warum auch immer sie das getan hatte. Und weil der Platz auf der Jacht begrenzt war, hatten sie gleich zwei Nachtlager aufgeschlagen. Drei Mann auf dem vorderen Deck und ...

... auf dem hinteren lagen Mathilda und Joshua. Was Zufall war! Sehr wahrscheinlich! Aber Zufall oder nicht: *Fakt* war, dass Joshua lange kein Auge zugetan hat. Vor Aufregung, Erregung ... was weiß ich, such dir was aus. Er lag da Schulter an Schulter mit Mathilda gemeinsam unter ihrem Schlafsack, locker wie ein rosa Luftballonpudel auf einem Nadelkissen ... um das jetzt mal irgendwie wieder zu vergleichen.

»Finger weg von meinem Gemächt, Herr Petersen!«, hörte er vorn am Bug Nils entschieden zu Hauke sagen, worauf der noch entschiedener klarstellte: »Ich hab dich gar nicht angefasst, Blödmann. Siehst du? Hier sind meine Hände ...«

»Ich mach nur Spaß, Spatz!«, erklärte Nils mit Luftküsschen und ...

... im nächsten Augenblick jodelte Gabi vor Schreck auf: »Finger von meine Po, perverse Konig!«

»König, sag mal, geht's noch?!?«, rief Mathilda angewidert rüber.

»Ich hab gar nichts gemacht! Der Italiener lügt! Hier sind meine Fing...«

»Nur Spasse ... Spatze!«, kicherte Gabi sich einen ins Zelt, welches die drei als provisorische Bettdecke benutzten.

»**Sach mal, geht dat da oben auch ein bisschen leiser, ihr Knallkörper?**«, fragte Inga Werner genervt aus dem Unterdeck nach.

»Sorry, Tante Werner! Gute Nacht, Tante Werner«, antwortete Nils.

»Gute Nacht, John-Boy!«, entgegnete Inga Werner.

»Bitte wer?«

»Privater Scherz!«

»Gute Nacht, Tante Werner!«, hörte Joshua Mathilda dann auch noch einmal überdeutlich neben sich knurren, die ganz offensichtlich schlafen wollte und auch konnte. Im Gegensatz zu Joshua, der knallwach neben Mathilda Frey lag – mit diszipliniert gefalteten Händen überm Bauch. Ohne es erklären zu können, blickte er noch einmal zu der Steilküste hoch und suchte die Lichtquelle der *Drogenschmuggler* ... oder die vom weißen Clown ... was anscheinend aufs Gleiche hinauskam. Aber wer auch immer wirklich da oben ein Feuer gemacht hatte, sie hatten sich sehr wahrscheinlich ebenfalls schlafen gelegt – das Feuer war aus.

Wenig später war dann auch endgültig Ruhe auf der *Castrop-Rauxel*. Die Jungs vorn, Inga Werner unterm Deck, Mathilda neben Joshua – alle schliefen sie ... also *fast* alle, weil: Joshua nicht. Schulter an Schulter lag er da neben der krass schönen Mathilda.

Krass schön, was ist denn das für eine bekloppte Adjektivkombo?!, dachte er im selben Moment, als es ihm durch die Synapsen funkte. Joshua war für immer wach und er suchte Ablenkung in dem sternenreichen Nachthimmel über ihm.

Die Milchstraße! Auch krass schön, dachte Joshua, als er die funkelnde Wolke aus Sternen und Licht über sich betrachtete.

»Unfassbar riesig sie ist, diese Galaxie«, seufzt da plötzlich eine melancholisch klingende Stimme von links in sein Ohr. Joshua dreht seinen Kopf dahin und sieht neben sich liegen: den weißen Clown – wieder mit einer Traube von Luftballonwursttierchen, die an Fäden über ihm schwebt.

»Äh… ja!«, bestätigt Joshua, der sich nicht anmerken lassen will, *wie* überrascht er gerade ist …

… weil er natürlich auch wieder nicht schnallte, dass er nur träumte.

»Vorstellen du dir musst, *wie* groß!«, regt der weiße Clown wieder im Meister-Yoda-Satzbau-Schüttel-Modus an und erklärt so weiter: »Hätte die Milchstraße einen Durchmesser von nur zehn Kilometern, größer nicht wäre unser Sonnensystem als der Durchmesser eines menschlichen Haares.«

Joshua strengt sich an, sich das irgendwie vorzustellen.

»Der Schwachmat kann es sich nicht vorstellen!«, knautscht etwas aus der Luftballontierwelt über dem Clown – der rosa Pudel.

»Fantasie ihm fehlt, hi, hi, hi!«, äfft eine ebenso vertraute Näselstimme den Clown nach – der blaue Ameisenbär, der vielleicht auch ein Elefant sein mochte.

Joshua ignoriert die Kommentare dieser Luftballonbande und sagt mehr zu sich selbst: »So klein?! Wie bedeutungslos ich bin.«

»Falsch, junger Bauer!«, spricht der weiße Clown und mit erhobenem Zeigefinger weiter: »Auf die innere Größe kommt es an. Dein Kern, größer er ist als eine Galaxie.«

»Fehlanzeige. Der ist doch komplett hohl«, kläfft der rosa Pudel albern und die ganze Bagage hüpft quietschvergnügt an den Fäden.

»Das sagt jetzt gerade mal der Richtige«, kontert Joshua und ...

... da schoss plötzlich eine Sternschnuppe über das Firmament. Lang gezogen, traumschön.

»Wünschen du darfst dir etwas!«, sagt der weiße Clown.

»Mehr Hirn! Mehr Hirn! Mehr Hirn!«, skandiert die Luftballonbagage.

»Arschlöcher!«, murmelt Joshua, und ehe er seinen tatsächlichen Wunsch überhaupt ausgesprochen hat, fragt der weiße Clown nach: »Sicher du dir bist?«

»Ja!«, smilt Joshua ihn an und da – Wunsch erfüllt – spürt er, wie Mathilda rechts neben ihm ihre Hand sanft in die seine legt.

»Danke!«, bedankt er sich glücklich beim weißen Clown.

»Nicht zu früh du dich freuen solltest, junger Bauer!«, lächelt der ihn leicht wie Helium an, bevor er mit seiner böse kichernden Luftballonknallkörperbande einfach in die Milchstraße entschwebt.

Joshua aber umschließt hocherfreut zärtlich Mathildas Hand, die den leichten Druck erwidert und – jetzt richtig große Überraschung – seine Hand im nächsten Moment fest umklammert wie ein Schraubstock und sie samt Arm bis zur Schmerzgrenze um die eigene Achse auf seinen Rücken dreht ...

»Weh das tut!«, presste Joshua noch mal im Meister-Yoda-Modus heraus, bevor er endlich und endgültig kapierte, dass er bis gerade geträumt hatte und das, was jetzt geschah, höchst real war.

»Dat soll et auch, du Hegel!«, knurrte ihm nämlich sehr real die leibhaftige Inga Werner ins Ohr. Auf dem Bauch liegend nahm er aus dem Blickwinkel wahr, dass sie auf ihm und Mathilda kniete. Die wiederum lag auch auf dem Bauch und stöhnte ebenfalls vor Schmerzen, weil Inga Werner sie mit demselben amtlichen Polizeigriff am Boden fixiert hielt.

»Lass mich los, Bitch!«, quälte Mathilda echt sauer heraus.

»Sonst noch wat?«, grinste Inga Werner und weiter dann: »Ich hab ja gesagt, ich komm da raus und dann mach ich dich lang, Schätzchen! Hab ich's gesagt oder hab ich's gesagt?«

»**Hilf**... aargh!«, versickerte Mathildas Hilferuf in Richtung Bug, als Inga Werner ihren Arm noch ein wenig mehr zum Nacken hin überdehnte. Joshua sagte nichts.

»Und weißt du, wat ich dir noch gesagt habe?«, fragte Inga Werner sie und knurrte dann auch gleich die Antwort hinterher: »Nichts in der Welt kann mich ersetzen! Erinnerst du dich?«

Joshua lag so nah mit seinem Gesicht vor Mathildas eigenem, dass er ihre Zornesfalten hätte küssen können. Daran dachte er idiotischerweise, aber dann auch noch mal vernünftig zu Ende: *Passt grad nicht so richtig!*

»Ob du dich erinnerst, habe ich gefragt!«, wiederholte Inga Werner mit Nachdruck und Mathilda quetschte schließlich schmerzverzerrt sauer heraus: »Ja-Ja-Ja! Tue ich!«

»Fortschritt! Sehr gut, Schätzchen!«, lobte Inga Werner sie und fuhr sehr – was rede ich?! –, *extremst* ernst fort: »Wat also, glaubst du, wäre mit mir eingesperrt unter Deck passiert, wenn ihr meinen Kahn hier vor lauter Doofheit zum Kentern gebracht hättet?«

Mathilda schwieg, aber vermutlich hatte sie dasselbe schreckliche Szenario vor Augen wie Joshua nun.

»Sie wären ertrunken!«, antwortete er dann auch leise für sie.

»So sieht's aus, Meister! Ich wär ertrunken! Schätze, dat hätte auch deine Freundin hier ordentlich beantworten können, richtig?«

»**Autsch** ... ja, verdammt!«, half die Werner bei Mathilda mit der Antwort körperlich etwas nach und freiwillig dann aber schob Mathilda mit wackliger Stimme hinterher: »Sorry!«

»Ah, noch mehr Fortschritt! Sehr gut, Mädchen!«, freute sich Inga Werner wie eine Grundschullehrerin und dann – von jetzt auf gleich – wechselte sie die Tonlage und zitierte überraschenderweise Mathildas eigene Worte aus ihrer Filmclip-Message: »It's magic! Weil ganz gleich, woher wir kommen und ob unsere Eltern reich sind oder gar nichts haben wie ...« – Inga Werner beugte sich ganz nah an Mathildas Ohr und schloss mit der Frage: »... wie *wer*?«

Joshua, sozusagen *bewegungsarm*, blickte direkt in Mathildas Gesicht und sah mit Erstaunen, dass sich ihre Augen mit Tränen füllten.

»Ich höre!«, legte Inga Werner nach und …

… Mathilda weinte leise: »… meine Eltern!«

Joshua tat das, was er momentan am besten konnte: Klappe halten und liegen bleiben.

»Na also, geht doch!«, knurrte Inga Werner wieder zufrieden und dann, die totale Wendung im Gespräch, sagte sie fast zärtlich zu Mathilda: »Dat kenn ich!«

… und Wendung über Wendung: Mit einem Mal löste Kommissarin Inga Werner den Polizeigriff bei Joshua und Mathilda und nahm auch ihre Knie von ihren Steißbeinen. Beide drehten sich verwundert um, setzten sich auf, Mathilda schaute irritiert aus verheulten Augen Inga Werner an und die schaute mit einem durchdringenden Blick zurück, als wollte sie Mathilda röntgen, und …

… fragte sie schließlich: »Kann ich dir vertrauen?«

25

Die Sonne ging hinter den Bergen von La Spezia auf und Peter schlug sich mit der flachen Hand ins Gesicht, um eine Mücke zu töten. Gefühlt die vierhundertfünfte. Das Klatschgeräusch weckte auch Barbara, die neben Peter halb in der grauen Kratzdecke eingewickelt lag. Und ich muss sagen: Beide hatten einen fetten Kater vom Vorabend.

»Verdammter Prosecco. Mir brummt der Schädel«, jammerte Barbara also ganz normal, als sie sich aufsetzte.

»Der Rotwein war's! Das werde ich dem Herrn Lombardi auch sagen, dass der nicht taugt«, brummelte Peter mit einem bemühten Lächeln im Gesicht.

Barbara tauchte ihr Gesicht in die wärmenden Strahlen der Morgensonne und lächelte: »Dafür konnte der Grappa aber was!«

Peter schüttelte sich bei dem Gedanken, dass er und seine Frau tatsächlich noch ein paarmal ordentlich an dem Fläschchen mit dem hochprozentigen Schnaps genippt hatten. Dann quälte er sich auf die Beine, schielte so beiläufig auf die Bucht hinunter und ...

... dann doch noch mal sehr wach mit weit aufgerissenen Augen und stieß heraus: »Die Jacht ist weg!«

»Wie – *die Jacht ist weg*? Was soll das heißen, *die Jacht ist ... w...weg?!*«, verstand am Ende ihrer Frage auch die Barbara, dass die Jacht einfach nicht mehr in der Bucht vor Anker lag.

Peter, hektisch, suchte und fand schließlich sein Handy in seiner linken Sandale, wo er es am Abend zuvor reingeschoben hatte, startete es, um direkt die iPhone-Finder-App zu öffnen. Doch bevor sich auch nur irgendein Punkt auf der Landkarte aufbaute, sprang ein neues Fenster auf mit der Botschaft:
>Batterie fast leer – noch 12 % Batterieladung<
»Fuck!«
»Meint dieses Mal?«, fragte Barbara sichtlich genervt nach, Peter informierte sie nebenbei über den schwächelnden Akku, wischte den Warnhinweis weg und ...
»Fuck!«
»Was jetzt?«, seufzte Barbara.
»Kein Netz!«
»Wie – *kein Netz!*? Gestern Abend hatten wir noch eins.«
»Aber das war auch schon schwach!«
»Netz ist Netz. Egal wie schwach!«
»Ja, soll ich es dir vortanzen? **Gar! Kein! Netz! ... Barbara!**«
Worauf sie ihn leer und sehr wahrscheinlich nach Lösungen suchend ansah und er dann vorschlug: »Lass uns nach La Spezia fahren. Da wollten sie hin. Eis essen!«
»Das glaubst du ja selbst nicht!«, meinte sie und ...
... wenig später saß sie wieder hinter dem Lenkrad der Ape und Peter daneben und beide knatterten sie die paar Kilometer durch die Berge nach La Spezia. Da angekommen kämpfte Barbara sich durch den morgendlichen Berufsverkehr und landete mit dem Ape-Geschoss schließlich auf einem kleinen Kai, der seitlich zum großen Hafen mit den riesigen Pötten lag. Mit

quietschenden Hinterreifen bremste sie das Ape-Mobil quer zur Ufermauer, wo soeben ein Fischer seinen kleinen Schrottkutter an einem Poller festgemacht hatte. Peter und Barbara sahen noch zu, wie der dann von Bord schlurfte und zur gegenüberliegenden Café-Bar schlurfte, wobei er den Motor seines Fischkutters einfach tuckernd laufen ließ.

»Umweltsau!«, knurrte Barbara dem Seebären leise hinterher und Peter neben ihr, mit Handy in der Hand, informierte sie: »Ich bin wieder online!«

»Lass sehen!«

Peter aktivierte die Finder-App, die Landkarte baute sich auf und schließlich war auch der rote Punkt zu sehen, der Joshuas aktuellen Standort zeigte. Überraschung war für beide, dass der Punkt gar nicht im Hafen lag, sondern zwei, drei Kilometer vor der Bucht von La Spezia auf dem Kartenblau schwamm. Peter, der alte Smartphone-Spezialist, schüttelte das Handy ein bisschen, aber natürlich blieb der Punkt da stehen, wo er war.

Barbara blickte ihn müde an, Peter blickte müde zurück und ...
Batterie fast leer – noch 8 % Batterieladung
... warnte die ziemlich nervige Pop-up-Info auf dem Display über der Karte, dass das Handy auch ziemlich müde war.

Peter wischte sie weg und dann – müde Blicke hin und her – beschloss er, seinen Sohn einfach anzurufen.

»Stell auf laut!«, sagte Barbara zu ihm, die natürlich erriet, was Peter vorhatte, als er auf den grünen Button mit dem Telefon-Icon drückte.

Es tutete bestimmt 15 nervige Mal und Peter hätte auch schon fast wieder aufgelegt, da nahm Joshua den Anruf tatsächlich entgegen und Peter hörte ihn sagen: »Hallo, Mama!«

»Hallo, Joshua! Wie geht es dir?«, lächelte sie ins Handymikro und Peter war schon einigermaßen genervt, dass er hier anscheinend überhaupt keine Sprechrolle hatte, obwohl es *sein* Handy war, mit dem sie gerade telefonierten.

Weshalb Peter einfach zwischen Frage und Antwort grätschte und bestgelaunt rief: »Hallo, Joshi-Boy! Hier ist dein alter Herr ... hö, hö!«

Worauf Joshua nur kurz angebunden zurückfragte: »Was gibt's?«

Und Peter, der alte Diplomat, antwortete: »Wie, *was gibt's??* Was glaubst du, was es gibt?!? **Ärger** gibt's!«

Barbara hatte vielleicht vor, etwas Ruhe ins Gespräch zu bringen, aber da haute Joshua auch schon raus: »Ach ja? Was denn für Ärger? Hausarrest? Wieder Taschengeldentzug? Heim?«

Da war dann erst mal nur noch das Tuckern des Fischkutters vor den beiden Bauers zu hören. Denn soeben hatte Peters eigener Sohn ihm die besten drei Standardandrohungen, die er als Vater auf Lager hatte, unter den Füßen weggezogen.

»Joshi, lass uns vernünftig reden, okay? Wir machen uns ja einfach nur Sorgen«, klinkte Barbara sich ins Gespräch.

»Nicht nötig. Alles gut!«

»*Alles gut! Alles gut!*«, wiederholte Peter ziemlich genervt.

»Hättest du vielleicht mal die Güte, in ganzen Sätzen zu antworten?!?«

»Nein!«

»Pass auf, Bürsch…«

»*Alles gut*, Joshua!«, grätschte Barbara geschickt dazwischen. »Wo seid ihr denn gerade?«

Der Dieselmotor des Fischkutters hämmerte seinen Takt, aus dem Hörer von Peters Handy war eine Weile nur Rauschen und Knacken zu hören, bis Joshua schließlich antwortete: »La Spezia!«

Worauf Peter direkt raushaute: »**Du lügst!**«

»Wie – *du lügst!*? Woher willst du das wissen, dass wir nicht in La Spezia sind?«, fragte Joshua trotzig nach.

»Weil wir …«

»… **nun** selber in La Spezia sind und eure Jacht nicht finden können«, bremste Barbara Peter aus, bevor der ihrem Sohn die einzige Quelle verriet, mit der sie ihn orten konnten.

»Verstehe! Aber ihr könnt wieder fahren. Komme klar!«

Und Peter, voll der Sozpäd, der ja aus seinen Antiaggressionsseminaren ganz klar weiß, wie man schwierige Gespräche führt, brüllte ins Handy: »**Von wegen –** *Komme klar!* **Es reicht, Sohn! Was soll die Kinderkacke?**«

Barbara verdrehte die Augen und da hörten sie beide aber auch schon Joshua mit bebender Stimme sagen: »Was die Kinderkacke soll? Meine Freunde und ich stellen uns mit einer geenterten Jacht einem dieser Umwelt verpestenden Kreuzfahrtschiffe in den Weg. Wir retten die Welt! Wir setzen Zeichen! **Das** soll die Kinderkacke ... **Vater**!«

Drei Signale folgten, dann war nur noch gnadenloses Rauschen zu hören ... zum Beat des Fischkuttermotors vor ihnen. – Joshua hatte aufgelegt. Einfach so.

Barbara und Peter, vollkommen sprachlos, glotzten mit großen Augen auf das Handy in Peters Hand. Dann, endlich, hob Peter den Kopf und sagte zu Barbara: »Polizei! Die einzige Möglichkeit, Bärbel. Wir rufen die an, melden, dass unser Sohn ein krimineller Umweltaktivist ist, die holen sich den mit Schnellbooten und – schnapp – dann war's das. Dann Jugendamt, Jugendgericht, Jugendknast vielleicht ... lauter Ärger, aber: einzige Chance, Bärbel!«

Bärbel sagte nichts und starrte ratlos durch die Windschutzscheibe der Ape auf den alten, orangefarbenen Fischkutter, dessen Motor nach wie vor klopfend lief, und ...

... da habe ich dir ja schon mal gesagt, dass die Bauers ein Beziehungsstadium erreicht haben, in dem oft einfach nur noch minimale Zeichen reichen und der oder die Bauer dann weiß, was das Gegenüber denkt. Ein Muskel, der die linke Augenbraue hebt, ein anderer, der den rechten Mundwinkel runterzieht – irgend so was in der Art. Ding ist: Bärbel, also *Barbara*, blickte vom tuckernden Fischkutter langsam zu ihrem Peter rüber und bewegte vielleicht nur unmerklich drei von insgesamt 26 Gesichtsmuskeln zu einer Mimik, aus der Peter präzise ablesen konnte: *Wir schnappen uns den Fischkutter und retten unseren Sohn selbst!*

Gedacht, gelesen, getan! Barbara und Peter stiegen gleichzeitig aus der Ape, guckten sich verstohlen zu dem Café um, in dem immer noch der Fischer mit dem Rücken zu ihnen an der Theke saß und einen Espresso nach dem anderen in sich reinkippte. Noch mal Blickkontakt und die Bauers hüpften im nächsten Moment an Bord der *Andrea*, wie der Schriftzug am Bug den Namen der *Fischkutterdame* verriet ... oder des Fischkutter*herrn*, um auch da gendertechnisch korrekt zu bleiben. Andrea passt in Italien geschlechtertechnisch ja auch auf *alles*.

Mit schwitzigen Händen öffnete Barbara die winzige Kabine des Steuerstandes. Peter fummelte an der Leine rum, mit der die *Andrea* an dem Poller festgemacht war, kriegte sie nicht auf Anhieb ab und ...

... da sah er plötzlich ein Paar Birkenstocksandalen vor sich stehen. Mit Männerfüßen darin. Peter schaute vorsichtig hoch, in Erwartung größtmöglichen Ärgers.

»Holger …?«, rutschte es Peter dann umso überraschter heraus, als er den Göttinger erkannte. Er, seine Frau und ihre beiden Wunderkinder Carl Maria und Lea-Sophie standen da und die komplette Familie sah sehr verwundert dabei zu, wie die Bauers mit staubverschmierten Gesichtern und in ihren verdreckten Klamotten im Begriff waren, einen Fischkutter zu klauen.

»Ich …«, suchte Peter nach einer vernünftigen Erklärung für all das, aber …

… da ging der Holger in die Hocke und half Peter, das verknotete Seil vom Poller zu lösen.

Peter, dankbar, nickte dem Göttinger lächelnd zu und der lächelte zurück und fragte: »Wie sagt man noch bei Seefahrern?«

»Mast- und Schotbruch!«, kam die Antwort wie aus der Pistole geschossen von dem kleinen Carl Maria links neben seinem Vater.

Und während Barbara den Fischkutter *Andrea* nun frei von der Kaimauer wegmanövrieren konnte, winkten die Göttinger zum Abschied. Beide Bauers winkten freundlich zurück, und als sie die Kaianlage endgültig hinter sich gelassen hatten, meinte Barbara zu Peter: »Die sind ja eigentlich ziemlich nett, diese Göttinger.«

Und Peter grinste: »Ja, hat was mit Jesus zu tun!«

26

»Der Penner!«, knurrte Joshua dann noch mal echt sauer sein Handy an, nachdem er das Telefonat mit seinen Eltern gekappt hatte.

Was ja auch schon wieder fast höflich war, dass er *erst* aufgelegt hat und *dann* seinen Vater *Penner* nannte. Aber wenn du mich jetzt fragst, finde ich es im Großen und Ganzen eher unnötig, seinen eigenen Vater als *Penner* zu bezeichnen. Kommt natürlich auch immer ein wenig auf die Sachlage an, weil: Hier und da habe ich persönlich schon Väter kennengelernt, da würde ich denken: *Penner* – ja, passt. Und das ist noch geschmeichelt. Aber diese Schwachmaten lassen sich wiederum nun so gar nicht mit unserem guten alten Peter Bauer vergleichen. Der hatte sich vielleicht einfach nur im Ton vergriffen, weshalb Joshua seinerseits eben ziemlich stinkig reagiert hat.

Jedenfalls: Joshua knurrt: *Penner*, und Hauke Petersen neben ihm sagt: »Gut gesprochen!«

»Was?«

»Gut gesprochen. Das, was *die Kinderkacke soll … Welt retten, Zeichen setzen!* Gefällt mir.«

»Ah, ja das. Danke!«
»Und was den Penner angeht ...«
»Wen?«
»Deinen Vater, der Penner!«
»Ach so, ja ... was ist mit dem?«
»Vielleicht hilft *reden*.«

Und da sah Joshua den Hauke doch leicht verdutzt an, weil er mit so einem Rat ausgerechnet von dem Hanseaten aus dem kühlen Norden nun überhaupt nicht gerechnet hatte. Aber da hatte Hauke sich auch schon wieder zur Reling umgedreht, um auf das weite Meer zu spähen, und auch Joshua hatte seinen Vater gedanklich komplett zur Seite gelegt, weil eben etwas anderes, etwas sehr Großes sein Hirn voll flutete – die Mission! Und Joshua selbst sann noch konkret darüber nach, dass er sich diesen Tag als den außergewöhnlichsten, den durchgeknallt spektakulärsten – kurz: abenteuerlichsten Tag seines bisherigen Lebens fett im Kalender ankreuzen konnte. Wenn es am Ende des Tages überhaupt noch etwas anzukreuzen gab. Denn *wie* dieser Tag enden würde, hatten sie nun mal selber in der Hand. Genauer: *Mathilda* hatte es in der Hand. Sie hatte es Inga Werner in der Nacht versprechen müssen, dass sie die Aktion sauber durchziehen würde ...

»Und *sauber durchziehen* heißt im amtlichen *Verkackfall* für dich und deine Crew auch ganz einfach *Handtuch werfen! – Notbremse ziehen! – Abbrechen! –* Kapische?«, hatte Inga Werner ihr noch eingebläut.

»Kapische!«, hatte Mathilda leise geantwortet und Joshua neben ihr hatte stumm genickt. Worauf Inga Werner sie beide mit Laserblick abgescannt hatte, schließlich aber ihre wasserdichte Umhängetasche mit Handy, Geld und ein paar Klamotten drin am Körper festzurrte und abschließend zu Mathilda gesagt hat: »Okay, Bella, dann machen wir dat so! Meine Nummer hast du. Ruf mich an, wenn's brennt. Ansonsten: Immer eine Handbreit Wasser unterm Kiel, viel Glück – wir sehen uns in La Spezia.«

Und bevor Mathilda oder Joshua auch noch irgendwas hätten sagen können, ist Inga Werner mit einem sportlichen Kopfsprung von der Jacht ins Mittelmeer eingetaucht und zum Festland hinübergekrault.

»Sie hat **was** getan?«, hatte da auch Nils König verdammt ungläubig nachgefragt, als er, Hauke und Gabi in aller Frühe von Mathilda und Joshua geweckt und auf den neuesten Stand der Dinge gebracht wurden.

»Sie hat mir ... also uns die Jacht überlassen!«, wiederholte Mathilda noch mal für ihn. »Weil ihr die Aktion gefiel.«

»Dann hätte Tante Werner ja bleiben können. Ich meine, wenn eine Ahnung vom Segeln hat, dann ja wohl sie«, meinte Nils – Hauke und Gabi nickten.

»Da ist was dran, Jungs«, sagte Joshua darauf. »Nur dann wäre es nicht mehr Mathildas Mission ...« »... *unsere* Mission!«, korrigierte Mathilda und Joshua wiederholte: »... nicht mehr *unsere* Mission gewesen, sondern *eine geordnete Umwelt-*

aktion von ein paar Teens unter polizeilicher Aufsicht, hat Inga Werner gemeint.«

»Genauer: *eine amtliche Pussy-Mission ohne Eier!*, hat sie es genannt!«, grinste Mathilda.

»Hut ab, Frau Werner! Das ist mal konsequent«, krächzte Hauke aus kratzigem Hals, weil er seit den paar Schluck Sprite vom Vorabend nichts mehr getrunken hatte.

»Was darf's sein, Herr Petersen? Cola, Fanta, Bier? Ein Käffchen vielleicht?«, fragte Joshua ihn grinsend, der erraten hatte, was dem Hauke und auch den anderen beiden Jungs dringend fehlte.

Kurz darauf am reich gedeckten Frühstückstisch im Salon unter Deck der *Castrop-Rauxel* grübelte Gabi die offene, rechteckige Luke über sich an und sinnierte: »Tante Werner hat'e mit lange Kuchenmesser durch Spalt von finestra cut the ropes?!«

»What?«, hatte Joshua noch mal nachgefragt, aber klar war im Grunde allen: Ja, Inga Werner hatte mit einem langen Küchenmesser die über der Luke gespannten Seile von innen heraus durchtrennen können. Dass sie das konnte und natürlich auch tun würde, war ihr offensichtlich schon lange vorher klar gewesen.

»**Okay, Mathilda Frey, Queen of Castrop-Rauxel! Worum geht's hier?**«, hatte Nils König Mathilda wenig später aufgepeitscht fröhlich gefragt, als alle miteinander gestärkt und startklar an Deck im Kreis standen.

Und sie voll strahlend mit eingeschalteter Handykamera in der Hand antwortete: »**Die Welle machen! Darum geht's! Immer!**«

»**Aye, aye, Captain!**«, brüllten sie alle zurück und klatschten sich gegenseitig ab. Wie ein Gladiatorenteam vorm großen Auftritt im Kolosseum ...

Joshua lichtete den Anker, Mathilda startete den etwas träge anspringenden Flautenschieber und steuerte die *Castrop-Rauxel* aufs Meer hinaus, Gabi und Nils setzten die Segel und Hauke bemühte sich, *nicht* alles vollzukotzen. – Und nach rund zwei Stunden waren sie tatsächlich genau dort, wo sie hinwollten: eine Seemeile vor der Hafeneinfahrt von La Spezia. Was ungefähr 1,8 Kilometern entspricht. Die Anweisung hatte Inga Werner ihnen noch gegeben. Wenn sie ein Kreuzfahrtschiff zwingen wollten anzuhalten, dann da. Was clever war, denn aus Sicht eines trägen Kreuzfahrtschiffes gleicht die Hafeneinfahrt zwischen Mole und Festland einem Nadelöhr.

Sie holten die Segel ein und warfen den Anker. Joshua stand mit Hauke an der Reling. Und der kriegte langsam, aber sicher auch wieder Farbe ins Gesicht. Die See war ruhig und nur ein paar harmlose kleine Wellen plätscherten schmatzend gegen den Rumpf. Die Morgensonne über der fernen Küste im Osten strahlte warm auf ihrer Haut.

»Wie spät?«, fragte Hauke.

Joshua kramte wieder sein Handy aus dem Beutel, sah nach und sagte: »Gleich halb neun. Wir liegen gut in der Zeit.«

Womit Joshua ja so was von richtiglag, weil exakt in diesem Moment brüllte jemand von unten rechts den Ozean an: »**Fetter Dampfer voraus!**« – Nils mit dem Fernglas.

Joshua suchte mit zusammengekniffenen Augen das Meer ab und fand schließlich auch den winzigen, rauchenden Punkt am Horizont.

»Liebe Leute, es ist so weit!«, sprach Mathilda hinter Joshua auf dem Dach vom Unterdeck stehend in ihre Handykamera und zoomte mit einem Schwenk an Gabi vorbei und über Hauke, Joshua und Nils hinweg das Kreuzfahrtschiff heran.

»Wie weit der Pott wohl noch von uns weg ist?«, fragte Joshua sich, und da kriegte er direkt von Nils die Antwort: »Nach Pythagoras schätzungsweise irgendwas um acht Kilometer.«

»Nach wem?«

»*Pythagoras?* Der Satz von? A-Quadrat mal B-Quadrat und das alles?«, fragte Nils ungeduldig zurück und erklärte: »Den braucht man bei solchen Berechnungen, weil die Erde nun mal keine Scheibe ist.«

»Nicht?«, fragte Gabi gespielt erschrocken nach.

»Ja, Herrschaftszeiten! Muss man denn hier bei null anfangen?«, stöhnte Nils in der Art von Lehrer, wie *ich* ihn zumindest noch aus dem Deutschunterricht kenne.

Da hatte Mathilda aber gerade mal nicht aufgepasst, denn die sprach in ihre Handykamera: »Laut Pythagoras ist die Dreckschleuder noch exakt acht Kilometer von uns entfernt!«

»Ich habe *schätzungsweise* gesagt, nicht *exakt*. Es hat alles mit der Höhe unseres Standpunktes zu tun, mit der wir die Entfernung zum Horizont berechnen können. Verstanden? Nein? – Beispiel: eine Person, die vom Strand aus auf den Horizont blickt. Sagen wir mal, eine *Frau* von ein Meter siebzig. Top Figur, Haare blond und ...«, quatschte Nils sich wahrscheinlich vor Aufregung einen Wolf und Hauke grätschte dazwischen: »Deine Mami!«

»Ja, woher weißt du, was ich mir für eine Person denke ...?«

»Leute! Der Kahn kommt näher!«, bremste ihn Joshua diesmal aus und zeigte auf das Kreuzfahrtschiff, das gefühlt mit gleichbleibender Geschwindigkeit auf die *Castrop-Rauxel* zustampfte.

»Sache ist also die: Wenn Mami mit ihren sportlichen eins siebzig vom Strand auf den Horizont blickt, dann ist der eben aus ihrer Sicht vier Komma sieben Kilome...«

»Was hat euch Inga Werner noch mal zum Thema Bremsweg von Kreuzfahrtschiffen erzählt?«, fragte Hauke Mathilda und Joshua, und der antwortete als Erster: »Vier bis fünf Kilometer braucht so ein Pott, bis der aus voller Fahrt endgültig zum Stehen kommt.«

»Da geht noch was!«, meinte Mathilda und Nils brach nun endgültig seinen Nachhilfekurs in Sachen *Pythagoras* ab und verschwand ins Unterdeck.

»Mathilda? Du weißt, was Inga Werner dir gesagt hat? – *Abbrechen im Verkackfall!*«, erinnerte Joshua sie nun leicht nervös, weil das Kreuzfahrtschiff näher und näher kam, ohne dass der Kreuzfahrtschifffahrer auch nur irgendwie vom Gaspedal zu gehen schien ... oder wie man so bei Kreuzfahrtschiffen sagt.

»Schau'n mer mal.«

Gabi und Hauke stutzten etwas bei Mathildas schwammiger Antwort, und auch Joshua wusste jetzt nicht so ganz genau, was er von ihrer Reaktion halten sollte. Fakt war: Wenn dieser

Rieseneimer nicht bald Anstalten machte abzubremsen, dann *mussten* sie mit der *Castrop-Rauxel* schleunigst aus der Fahrrinne verschwinden.

... und schleunigst hieß Anker lichten – Flautenschieber starten – Segel setzen. Das dauert ja nun auch alles, dachte Joshua zu Ende und da kam auch schon Nils wieder aus dem Unterdeck hervor. Mit einer Rettungsschwimmweste über dem T-Shirt und vier weiteren in den Händen.

Gabi, Hauke, Joshua und auch Mathilda schauten zu ihm hinüber und Mathilda sprach mit Handykamera auf die Jungs gerichtet: »Männer! Zum Aufgeben ist es zu früh. Wir werden die Dreckschleuder ausbremsen. Sie wird halten *müssen*! Alles andere wäre fahrlässige Tötung ... Mord!«

... und da hörten sie zum ersten Mal die Schiffshörner tief und kräftig tönen. Noch einige Kilometer entfernt, aber die Botschaft war klar: *Mach dich vom Acker, du Jacht, sonst werde ich dich schrotten!*

27

»Wie weit noch?«, fragte Barbara Bauer ihren Mann, nachdem sie die *Andrea* aus dem Hafenbecken von La Spezia manövriert hatte. Peter tippte auf das Display von seinem Handy und ... ... stöhnte:»Fuck!«»Das hast du dir jetzt echt ganz blöd angewöhnt«, krittelte Barbara noch herum und Peter dann:»Akku ist leer!«, und zeigte Barbara das Display, das noch mal den Akkuaufladehinweis mit Steckersymbol aufleuchten ließ, bevor es sich endgültig verabschiedete.

»Fuck!«, fluchte Barbara, behielt den Kurs bei, den die Finder-App zuletzt gezeigt hatte, und drückte noch mal gegen den Gashebel, der aber schon längst am Anschlag war. Die *Andrea* gab bereits alles und fuhr mit zehn Knoten im persönlichen High-Level-Bereich! ... also umgerechnet 18 Stundenkilometer schnell.

»Language, Bärbel, language!«, rügte Peter seine Frau nun spaßig, obwohl ihm so gar nicht nach Lachen zumute war. In Gedanken war er natürlich bei seinem Sohn. Er und seine bescheuerten Freunde waren im Begriff, eine extrem bescheuerte Aktion durchzuziehen, die sie alle ins Gefängnis bringen würde. Man klaut nicht einfach so eine Jacht und dann passiert gar nichts.

Alles hat immer irgendwie beschissene Konsequenzen, brachte Peter es für sich gedanklich auf den Punkt. *... und die beschis-*

senste von allen wäre, dass meinem Joshi etwas zustoßen könnte ...

... weil ich nicht da war ... weil ich, Penner, nicht für ihn da war

... weil ...

»Verdammt, was soll das denn jetzt hier?«, riss Barbara ihn aus seinen düsteren Gedanken und da sah er dann auch, was sie meinte. Sie steuerten mit der *Andrea* auf eine Mole aus aufgehäuften Felsbrocken zu, die von ihrem Standpunkt aus betrachtet die komplette Bucht von La Spezia abzusperren schien.

»Das kann doch jetzt nicht sein, oder?!?«, fragte Barbara und Peter darauf: »Nein, kann nicht. Schätze, dass dieses *Deich-Dings* links und rechts offen ist. Irgendwo müssen die Schiffe ja rein- und rauskommen.«

»Links oder rechts?«

»Wie – *links oder rechts?*? Was meinst du damit?«

»Wo ich rausfahren soll. In welche Richtung wir müssen. Wo, verdammt noch mal, diese **beschissene** Jacht mit unserem Jungen liegen könnte.«

Peter sah Barbara an und da war ihm natürlich auch klar, dass sie dieselbe Angst ... nein, falsch: die *dreifache* Angst um ihren Sohn hatte.

Mindestens dreifach. Das ist halt der Mutterfaktor ... Fluch und Segen.

»Peter?«

»Äh, ja – *wo!*«, wiederholte er, schaute sich um, überlegte irgendwas und sagte: »Ich schätze, wir müssen links raus. Die Kreuzfahrtschiffe kommen ja wahrscheinlich aus dem Süden hoch, schätze ich. Also von daher.«

Peter zeigte in die Richtung, von der er meinte, dass das wohl Süden sein müsse. Und Barbara machte ebenfalls ein nachdenkliches Gesicht. Nach einer Weile nickte sie nur, schob den Gasknüppel wieder nach vorn und manövrierte die *Andrea* auf die linke Seite zu ... sehr wahrscheinlich mit der starken Hoffnung verbunden, dass ihr Mann sich wenigstens diesmal nicht irren möge.

28

Die gewaltigen Schiffshörner des Kreuzfahrtschiffes dröhnten lauter und lauter. Was alles in allem sehr logisch war, weil das Kreuzfahrtschiff ja nun auch immer näher und näher kam. Entfernung jetzt: rund 1000 Meter bis zur *Castrop-Rauxel*.

»Das Kackschiff hält nicht!«, stellte Nils fest.

»Weil die uns nicht sehen!«, vermutete Joshua.

»Und für wen wird dann gehupt?«, fragte Hauke nicht wirklich nach.

»Padre nostro, che sei nei cieli …«, murmelte Gabi das italienische *Vaterunser* und zog sich, wie Joshua und Hauke vor ihm, ebenfalls die Rettungsschwimmweste über.

»Keine Panik, Jungs. Es *muss* halten!«, wiederholte Mathilda unerschütterlich selbstbewusst und hielt ihre Handykamera auf das Kreuzfahrtschiff.

Entfernung: 800 Meter!

»Mathilda?«, sprach Hauke sie vorsichtig an.
»Was?«
»Wir verkacken es!«
»Quatsch!«
700 Meter! Schiffshörner, dröhnend.
»Denk daran, was du Tante Werner versprochen hast!«, appellierte Nils an Mathildas Gewissen.
»Mache ich pausenlos!«
»… e la gloria nei secoli – Amen!«, war Gabi mit dem *Vaterunser* durch und Joshua sagte ernst und bestimmt: »Mathilda Frey! Wenn wir jetzt nicht den Anker lichten und abhauen, ist dein Traum endgültig aus. Das wird dir Inga niemals verzeihen!« … und nach einer kurzen Pause schob er hinterher: »… und ich dir auch nicht!«
600 Meter! Schiffshörner, unangenehm wabernd.
Mathilda blickte mit einer Mischung aus Wut und Unverständnis auf Joshua herab, fixierte noch einmal das näher kommende Schiff und …
… leise und verzagt sagte sie schließlich: »Okay, Joshua Bauer, du hast recht. Wir brechen ab!«
Worauf Joshua noch mal kurz und anerkennend nickte und dann aber auch direkt auf die Kette vorn am Bug zuhechtete, um den Anker hochzuziehen. Hauke kam hinterher und half ihm. Und die anderen wussten ebenfalls, was zu tun war: Gabi und Nils machten sich daran, das Großsegel zu setzen, und Mathilda drehte den Zündschlüssel herum und …
… der Motor sprang nicht an.

Abstand hupendes *Kackschiff* – Jacht: 500 Meter!

Joshua und Hauke hatten Glück. Die Ankerkette lief senkrecht in die Tiefe, was zum Ankerlichten absolut perfekt war. Motorgestotter war zu hören.

»Was ist los, Chef?«, brüllte Nils zu Mathilda herüber.

»**Der Motor will nicht!**«

400 Meter ...

»Wie – der will nicht? Der muss wollen!«, rief Joshua, ließ Hauke den Rest der Ankerkette allein hochziehen, rannte nach hinten zum Cockpit, um festzustellen, dass er Mathilda überhaupt gar nicht helfen konnte.

Gabi und Nils hatten derweil das Großsegel gesetzt, aber das flatterte in dem Winkel einfach nur schlaff im flauen Wind.

Anrufen, wenn's brennt!, fiel dem Joshua dann doch noch ein und er sagte zu Mathilda: »Ruf Inga Werner an!«

Die guckte ihn kurz und leicht panisch an, tat aber, was Joshua wollte: Sie zückte ihr Handy aus der Cargohose, wählte Inga Werners Nummer, stellte das Handy auf laut, gab es Joshua, damit sie beide Hände frei hatte, und drehte wieder am Zündschlüssel. – Vergeblich! Der Motor kurbelte klackernd ins Leere, ohne Zündung.

Joshua und Mathilda versuchten, die Schiffshörner zu ignorieren, und konzentrierten sich auf das Rufsignal. Sie hörten es einmal, zweimal, dreimal ...

300 Meter bis zur Havarie ...

... viermal, fünfmal ...

»Scheiße, sie geht nicht ran!«, sagte Joshua.

Mathilda schnappte sich nun selbst die Rettungsschwimmweste, zog sie über und ...

»Wer geht nicht ran, Mäuschen?«, hörten sie Inga Werner aus den Lautsprechern des Handys mit relaxt tiefer Stimme fragen, auf der ein genüssliches Cappuccino-Schlürfgeräusch folgte ... oder vielleicht war's auch Eierlikör. Bei Inga Werner wusste man ja nie so genau.

»Wir müssen abbrechen, Inga! Schiff kommt auf uns zu, Wind nicht vorhanden und *Castrop-Rauxel* springt nicht an«, ratterte Mathilda in Kurzform die Infos herunter.

Und nach einem Prustgeräusch hörte man Inga Werner hoch konzentriert sagen: »**Kacke-alte-verdammte!**«

Die Schiffshörner setzten abrupt aus. Joshua blickte verwundert zur Steuerbordseite rüber, aber ...

... kein Kreuzfahrtschiff mehr zu sehen!

»W...?«, fragte er sich noch kurz und doof, bis er auch peilte, dass die Segeljacht sich lediglich ein wenig um die eigene Achse gedreht hatte und dem Kreuzfahrtschiff nun die zarte Stirn bot – den Bug also. Und als hätte der riesige Pott einfach nur mal kurz Luft geholt, blies er nun erneut in die dröhnenden Signalhörner.

»Witzig. Das Schiff heißt *Stefanie*. Wie meine Patentante«, informierte Nils die anderen mit Fernglas im Gesicht irre fröhlich.

»Zum Totlachen!«, murmelte Hauke, der fertig mit Ankerlichten war und nun leicht panisch rückwärts vom Bug wegstolperte.

200 Meter Wegstrecke noch, auf der die *Stefanie* auf sie zugestampft kam ...

»Ingaaaa? Sag was! Was können wir tun?«, quengelte Mathilda nun selber etwas nervös in das Handymikrofon.

Und die direkt zurück: »Anlasser, Mathilda! Es ist der Anlasser. Da ist immer irgendwas mit und ...«, unterbrach Inga Werner sich selbst und gab schlicht die Anweisung: »Runter ins Unterdeck – Niedergang nach oben kippen – dahinter ist der Motor!«

100 Meter ... bis zum absolut bescheuertsten Ende eines Jugendbuchromans, an dessen Ende die Guten alle sterben!

»**Den was?**«, fragte Mathilda jetzt voll nervös nach und Inga Werner erklärte: »Die Treppe, verdammt! *Niedergang!* So heißt dat Teil!«

»**Ja, und dann??? Was sollen wir da machen???**«, fragte Joshua verzweifelt.

Antwort: »Gegentreten!«

»What?«

»Ker no' ma: Sprech ich *Klingonisch*, oder wat?! **Gegen den Motor treten!** Meistens hilft's!«

Mathilda und Joshua sahen sich kurz an, Joshua sprang über

die paar Stufen ins Unterdeck, kippte den Niedergang nach oben, brüllte zu Mathilda hoch, dass sie *jetzt* den Motor starten solle, Mathilda drehte den Zündschlüssel herum, Joshua trat barfuß gegen den Dieselblock, brach sich den kleinen Zeh, aber außer einem unschönen Geklacker des Anlassers tat sich nichts. Joshua stand unter Stress und ...

... Stress ist ja eigentlich immer so negativ besetzt. Zu Recht, würde ich jetzt mal so pauschal behaupten. Sache ist aber auch die, dass Stress von Vorteil sein kann. Also richtiger, amtlicher Stress, den du kriegst, wenn beispielsweise bei einem Spaziergang durch die Rocky Mountains ein echt mies gelaunter, weil hungriger Grizzlybär auf dich zugaloppiert. Stress pur! Und das Allererste, was du in so einer unangenehmen, weil lebensgefährlichen Situation tust? – *Damn right:* Adrenalin ausschütten. Dein Herz pumpt schneller, die Atmung beschleunigt sich, Energiereserven werden mobilisiert. Was dir unter dem Strich wenig nützt, weil so ein Grizzlybär bringt bis zu 60 Stundenkilometer auf die Uhr und klettern kann der auch besser als du. Mit anderen Worten: Das war's für dich. Aber, Vorteil jetzt: Das Stresshormon reguliert neben Durst- und Hungergefühl auch dein Schmerzempfinden gegen null. Was toll ist, weil dann merkst du es vielleicht nicht mehr so, wenn Petzibär jetzt so richtig zulangt, und ...

... Vorteil jetzt für Joshua: Sein kleiner Zeh gebrochen, aber vollgepumpt mit Adrenalin hat er die Schmerzen komplett ignoriert. Der Anlasser klackerte unrund und der verdammte Motor reagierte nicht.

»Noch mal!«, hörte Joshua Inga Werner aus dem Handy in seiner Hand rufen und Joshua gab alles. Noch mal trat er mit demselben Fuß voll gegen die Dieselmaschine und ...

... röchelnd, rappelnd, hustend sprang der Motor an. Joshua schwankte kurz nach hinten, woran er merkte, dass Mathilda den Rückwärtsgang eingelegt hatte.

»Motor läuft und *Castrop-Rauxel* bewegt sich!«, informierte er Inga Werner in der Handyleitung. Er warf die Treppe wieder zurück in die ursprüngliche Position und humpelte zurück an Deck.

Entfernung *Stefanie* – *Castrop-Rauxel*: an die 20 Meter.

Dann setzte das nervtötende Getute auf einmal ganz aus.

Todesstille! Die *Stefanie* schob eine mächtige Bugwelle vor sich her und die *Castrop-Rauxel* lag voll in ihrem Schatten. Aber was dem Joshua nun doch auffiel: Der Ozeanriese hatte längst an Fahrt verloren. Natürlich hatte der Typ, der da am Steuer saß, schon vor einigen Kilometern angefangen, die *Stefanie* auszubremsen, und trotzdem holte sie die rückwärtsfahrende Segeljacht immer noch ein ...

... zehn Meter, neun Meter, acht ... ich kürze ab: ... *zwei* Meter vor dem Bug der *Castrop-Rauxel* kam die *Stefanie* dann aber doch endgültig zum Stehen. Mathilda drückte den Gashebel zurück in die Leerlaufstellung, stellte den Motor ganz aus und ... Stille! Alle miteinander schauten sich für einen denkwürdigen Augenblick an.

»Hallo?«, fragte jemand etwas dünn in die Stille hinein. – Inga Werner in Joshuas verschwitzter Hand. Also ihre Stimme aus dem Lautsprecher von Mathildas Handy, das Joshua noch in der Hand hatte.

»Alles gut!«, hauchte Joshua extrem erleichtert ins Handymikro, kappte vor Aufregung einfach die Verbindung und ...

... dann fielen sich alle miteinander jubelnd in die Arme!

»**Du hast es geschafft, du knallverrückte Kampf-Lady!**«, brüllte Nils Mathilda an.

»**Wir haben es geschafft, mein König! WIR!**«, strahlte Mathilda ihn an und Joshua hielt ihr das Handy hin und erinnerte sie daran, dass sie den Erfolg der Mission unbedingt dokumentieren musste.

Und jetzt weiß ich nicht so ganz genau, woran es lag. An Mathildas euphorischer Stimmung? An ihrer eigenen Ausschüttung von Hormonen vielleicht? Wirklich keine Ahnung, bin ja auch kein Chemiker. Jedenfalls Folgendes: Mathilda, komplett von der Rolle, guckte Joshua mit ihren stahlblauen Augen an, packte ihn am T-Shirt, zog ihn zu sich hin und drückte ihm einen fetten Kuss auf den Mund. Und ehe der frontal überrumpelte Joshua seinerseits auch nur irgendwie darauf hätte reagieren können, schnappte sie sich überglücklich das Handy aus seiner Hand, switchte die Kamera an und sprach wieder im Selfiemodus in die Linse: »**Strike, liebe Leute!** Wir haben es geschafft. Wir haben den Ozeanriesen in die Knie gezwungen!«

»*Stefanie!*«, quatschte Nils ihr in die Ansprache rein.

»Wie?«

»*Stefanie!* Der Name des Schiffes!«

»Ach so, ja, danke!«, bedankte sich Mathilda für den Hinweis und weiter in die Kamera erklärte sie ihren Followern auf *Instagram* und *YouTube*: »*Stefanie* heißt dieses Kreuzfahrtschiff. Klingt harmlos, aber ich sage euch: Diese strahlend weiße *Lady* hier im Hintergrund ist eine echte Killerin.«

… und dann feuerte Mathilda ziemlich gut vorbereitet noch ein paar wirklich erstaunliche Fakten für ihre Follower heraus: zum Beispiel, dass diese eine *Stefanie* an die 150 Tonnen extrem schädliches Schweröl in die Atmosphäre bläst. *Täglich!*

Und überhaupt, dass dieser organisierte Wahnsinn, wie der Massentourismus hier in der Cinque Terre, auf die Dauer einfach mehr schadet, als er den Einheimischen nützt. Kurzum: Mathilda hielt eine flammende Rede für die Umwelt und appellierte ganz zum Schluss an jeden, der sich diesen Clip später ansehen würde: »… boykottiert Kreuzfahrten! Boykottiert den Massentourismus! Kämpft für die eine Erde! *Unsere* Erde! Alles Liebe Eure Mathilda.«

Da haben die Jungs wieder ordentlich gejohlt, gepfiffen und applaudiert, obwohl ich sagen muss, dass Joshua nicht mehr ganz so bei der Sache war ... seit Mathildas Kuss! Außerdem kehrte bei ihm so was wie Entspannung ein, weshalb dann auch ganz logisch sein Adrenalinspiegel langsam, aber sicher sank. Was wiederum dazu führte, dass sich nun sein kleiner rechter Zeh zurückmeldete, der die klaren Signale an sein Hirn sendete: *Ich bin gebrochen und das tut jetzt weh!*

Aber – Vorteil wieder – da wurde er im nächsten Moment wenigstens ein bisschen von dem Schmerz abgelenkt, als erneut ein Signal eines Schiffshorns zu der *Castrop-Rauxel* herüberschallte. Die *Stefanie* war's nicht. Dafür war das Getute noch zu weit weg und – wie soll ich sagen? – zu *röchelig*. Joshua und die anderen blickten in die Richtung, aus der das alte Schiffshorn trötete, und da sah er, was auf sie zutuckerte: ein alter, rostiger Fischkutter, der vielleicht mal orange gewesen war. – Die *Andrea*!

»M... Mama? Papa?«, fragte Joshua mächtig überrascht, als er dann auch die Besatzung auf dem näher kommenden Kutter erkannte. Seine Mutter stand hinter dem Steuer in der Kabine und sein Vater hielt sich mit einer Hand am Bug fest, winkte heftig mit der anderen und rief sich die Seele aus dem Leib: »Joshua, mein Junge. Halte durch!«

»*Halte duuuiich!* – Wasse meinte deine Vater damit?«, fragte Gabi neben Joshua nach und der hob die Schultern und antwortete: »Keine Ahnung, Gabi!«

»Langsamer ... Langsamer ... LANGSAMER, verdammt!«, wiederholte Mathilda immer lauter werdend, als die Bauers mit ihrer *Andrea* auf die *Castrop-Rauxel* zusteuerten.

Und da peilte offenbar auch Barbara Bauer, dass sie zu schnell war, weil der Motor nun heruntergefahren wurde. Mit einem unschönen Geräusch tatschte die *Andrea* trotzdem noch gegen die Backbordseite und hinterließ eine ordentliche Kratzerspur im Lack.

»Frau am Steuer, das wird teuer!«, haute Nils fröhlich den Uralt-Chauvi-Reim raus, weshalb er von Mathilda auch direkt eins mit der flachen Hand über die Rübe bekam.

»Joshua! Gott sei Dank!«, stieß Peter Bauer noch mal erleichtert aus und Barbara stürmte aus ihrer Kabine nach vorn und weinte vor Freude: »**Joshi, mein Äffchen!**«

Knarzendes Gekicher hinter Joshua. Nils, Gabi, Hauke, Mathilda ... alle hatten sie ihren Spaß.

Das ignorierte Joshua aber vollständig und fragte noch mal ehrlich überrascht nach: »Was macht ihr hier? Wie habt ihr mich gefunden?«

Joshuas Eltern wechselten irgendwie so verstohlene Blicke und seine Mutter gestand schließlich: »Mit der Finder-App!«

Fassungslos, ungläubig, maximal konsterniert schüttelte

Joshua langsam den Kopf, auf der Suche nach brauchbaren Worten, die beschreiben könnten, *wie krass enttäuscht* er von seinen Eltern war.

»Starkes Stück, *Äffchen*! Dafür würde ich die Herrschaften anzeigen!«, gab Nils wieder zum Besten. – Unterdrücktes Gekicher im Hintergrund.

»Aber ganz ehrlich«, beteuerte Joshuas Mutter, »wir waren in Sorge!«

Und sein Vater nahtlos hinterher: »Wenn dir etwas zugestoßen wäre, hätte ich mir das niemals verziehen, Junge. Es tut mir leid!«

»Hellö? Wott's wrrong da unten?«, sächselte da plötzlich eine Stimme vom Oberdeck des Kreuzfahrtschiffes her. Unklar, wer das war. Die haushohe Bugpartie der *Stefanie* überragte die Jacht und den Fischkutter wie ein riesiger Balkon, sodass Blickkontakt weder von unten noch von oben möglich war. Aber da unten war im Moment eh allen komplett egal, wer von oben rief, und Joshua fragte seinen Vater: »*Was* tut dir leid?«

Und der guckte ihn mit feuchten Augen an und antwortete: »Alles! Meine ganze bescheuerte Art, dich nicht einfach so sein zu lassen, wie du geworden bist.«

Joshua sah seinen Vater mit leicht verdrehtem Kopf an und fragte: »What?«

»Ich meine ...«, nahm sein Vater einen neuen Anlauf, »... mir fehlte der kleine Joshi und hab nicht kapieren wollen, dass ich den nicht mehr zurückkriege. Hab einfach zu spät kapiert, dass ich etwas viel Größeres dafür bekommen hab.«

»So? Was denn?«, fragte Joshua noch etwas skeptisch nach und sein Vater antwortete: »Dich!«

»Hellö? Wott's häppening daun sär?«, fragte die sächsische Stimme diesmal verstärkt und mit übersteuert pfeifendem Megafon von oben. Nils wischte sich eine verdammte Träne aus dem Auge und antwortete für alle: »**Ganz großes Kino! Emotions pur mit Happy End ... du Vogel!**«

Und da folgte erst mal nichts und dann nach sehr wahrscheinlicher Beratung mit der Security von der *Stefanie*: »**Wir kommen runter! Bleib'n Sie, wö Sie sind!**«

»**Wörauf dü ein' lassen könnst!**«, sächselte Nils gestelzt zurück und ...

... Joshua? Der stand sprachlos da, wo er war, und wusste nicht, wohin mit sich. Er sah in die Augen seines Vaters, hörte seine Mutter neben ihm leise schluchzen, spürte eine Hand, die sich zärtlich um seine eigene schloss – Mathildas –, und außerdem spürte er ununterbrochen einen pochenden Schmerz von unten, der ihm sagte: Dein kleiner Scheißzeh ist gebrochen und es gibt nichts, was du dagegen unternehmen kannst.

»Komm rüber, Joshua!«, sagte seine Mutter zu ihm. »Bevor die Leute da oben euch richtig großen Ärger machen.«

»Und ihr natürlich auch!«, schob sein Vater direkt hinterher. »Lasst die Jacht einfach hier liegen. Das wird sich schon irgendwie von selbst regeln.«

»Das geht nicht, Herr Bauer!«, erklärte Mathilda und löste dann auch wieder den Griff von Joshuas Hand ... was schade war.

Die Bauer-Eltern verstanden nicht, weshalb Joshua ihnen dann auch erklärte: »Mathilda hat ... nein, *wir* haben versprochen, die Jacht zurückzubringen.«

29

… und weil Peter und Barbara Bauer immer noch peilfrei aus der staubverschmierten Wäsche glotzten, erklärte Joshua ihnen, dass sie die Jacht der Besitzerin zurückgeben mussten und dass diese am Ende garantiert keine Anzeige erstatten würde.

»Blöd ist halt nur der Kratzer hier im Lack. Da weiß man ja auch nicht, wie sehr Tante Werner deshalb austicken wird«, bemerkte Nils, und Barbara darauf leicht irritiert: »Tante W… wer?« Dann aber auch nahtlos hinterher: »Egal! Die Reparatur bezahlen wir selbstverständlich!«

Und das war das Stichwort für Peter, dem grad wieder was eingefallen war: »Apropos Geld, Joshua. Wir sind komplett blank. Könntest du uns vielleicht …? Ich meine … wirklich nur, wenn du es über hast.«

Da guckte sein Sohn ihn verdutzt an, kramte aus seiner Hosentasche zwanzig Euro und reichte sie dem Peter über die Bordwand der *Castrop-Rauxel*.

»Danke dir! Du kriegst es mit Zinsen zurück!«, sagte Peter Bauer und sein Sohn smilte ihn an und meinte: »Passt schon!«

»Weißt du, was witzig ist, Bärbel?«, fragte Peter seine Frau kurz darauf, als sie mit der *Andrea* wieder Richtung La Spezia tuckerten.

»Nein, Peterchen, sag mir, was witzig ist.«

»Witzig ist, dass wir uns den ganze Quatsch hätten sparen können. Unser Joshua brauchte uns gar nicht.«

»Das war kein Quatsch! Das war *Rock 'n' Roll*!«, korrigierte Barbara ihren Mann und dann winkten beide Bauers noch einmal stolz ihrem Sohn hinterher, der ebenfalls winkend am Heck der *Castrop-Rauxel* stand, von der sie soeben unter vollen Segeln überholt worden waren.

30

»Scheiß auf den Kratzer. Dat lackiert der Torsten für mich. Der kann so wat!«, war Inga Werners Reaktion, als Mathilda ihr die Macke auf der Backbordseite der *Castrop-Rauxel* zeigte.

Und es war tatsächlich die einzige Macke, die die Segeljacht auf ihrer kleinen Odyssee davongetragen hat. Und ich schätze mal, dass Inga Werner einfach nur froh war, dass Mathilda und ihre Crew vollzählig und – bis auf einen gebrochenen kleinen Zeh – heile im Hafen von La Spezia gelandet waren. Per Handy hatte sie Mathilda durch die große Hafenanlage zum Anlegesteg an der Palmenpromenade gelotst.

Die Einzigen, die tatsächlich nasse Füße gekriegt hatten, waren die Männer von der *Stefanie*. Der Sachse und zwei Herren in Schwarz. Die waren nämlich tatsächlich vom Oberdeck nach unten gehechtet und mit einem Schlauchboot um den Bug der *Stefanie* gepaddelt. Was schlechtes Timing war, weil sie es ausgerechnet dann taten, als die *Castrop-Rauxel* sozusagen mit voller Motorkraft an ihnen vorbeiwischte und das Schlauchboot

schnitt. Wortwörtlich auch, weil der scharfkantige Bug der *Castrop-Rauxel* einen kleinen, frechen Riss in die Gummiwand des Schlauchbootes geschnitten hatte.

»Hauptsache, die Köppe sind noch dran und keiner von euch ist abgesoffen!«, hatte Inga Werner da auf dem Anlegesteg gesagt. Dann hatte sie aber noch mal nachgezählt und gefragt: »Wo ist denn euer Türstopper?«

»Der ist hier, Tante Werner!«, antworte Nils König, der noch mal an Bord der *Castrop-Rauxel* gegangen war, um sein *Stand-up-Board* zu holen, mit dem er – wie die anderen auch – tags vorher an Bord gekommen war.

»Dat kannst du auf dem Kahn lassen. Ich bring euch den Kram nach Monterosso. Kann aber dauern, weil ich bleib wahrscheinlich noch bis morgen.«

Und da stutzte Joshua und fragte: »Geht mich ja nichts an, aber sagen Torsten und die anderen da gar nichts zu, wenn du so lange wegbleibst? Ich meine, die müssen ja auch irgendwo schlafen und mal Klamotten wechseln und so was.«

»Die haben nix zu sagen!«, grinste Inga Werner. »Die sind ja schon groß und Klamotten wechseln die eh nie. Aber, Mastercard macht's möglich: Pennen tun die erst mal in dem Hotel auf der Ecke da in Monterosso. Habe ich mit denen gestern Nacht alles geklärt.«

»Inga?«, sprach Mathilda sie darauf etwas wacklig an.

»Wat gibt's, Schätzchen?«

»Du bist großartig!«, antwortete Mathilda und fiel ihr schluchzend um den Hals.

Und da habe ich dir ja schon mal *ausführlichst* beschrieben, wie nervig voll es in der Cinque Terre ist, weil der ganze Küstenstreifen täglich von La Spezia aus mit Tagestouristen vollgepumpt wird. Das sage ich dir deshalb noch mal, damit du ungefähr eine Vorstellung davon hast, *wie* stolz Mathilda und ihre vier Jungs waren, als sie in dem fast menschenleeren Bahnhof von La Spezia standen und am Bahnsteig 2 auf ihren Zug nach Monterosso warteten.

»Das waren wir!«, grinste Nils.

»So sieht's aus, mein König!«, grinste Hauke und alle miteinander klatschten sie sich ab.

Dann dämpfte Mathilda aber schon wieder die Stimmung, als sie zusammenfasste: »Wir haben die *Stefanie* nur kurz aufgehalten. Sie werden wiederkommen und alles wird so sein wie bisher.«

Worauf Gabi nach einem denkwürdigen Augenblick meinte: »Allora, Signora Frey: Das ist Bullshit!«

Und Joshua: »Stimmt, Mathilda, die Message zählt! Und wir werden mehr und mehr!«

Da lächelte Mathilda ihn an, legte ihre Hand zart auf seine Schulter und sagte zu ihm: »Weißt du was, Joshua Bauer? Ich bin total stolz darauf, dass ich das hier mit dir durchziehen durfte. Du bist mein Mann!«

Dann blickte sie aber auch noch mal in die Runde und ergänzte schnell: »Und ihr natürlich auch! *Meine* Männer! Joshua Bauer, Hauke Petersen, Nils König, Gabriele Conti! Ich liebe euch *alle*!«

Da sagte erst mal keiner was vor lauter Rührung und nach einem weiteren denkwürdigen Augenblick informierte Mathilda Frey ihre vier Männer: »Ich muss noch mal pinkeln gehen!« ... sagte es und verschwand prompt mit ihrem riesigen Rucksack durch die Schwingtür zur Bahnhofshalle.

Der Zug nach Monterosso fuhr ein, und wer noch nicht wieder zurück war vom Klo: Mathilda Frey.
Steigt schon mal ein, Leute! Komme nach!
... hatte sie allen Jungs per WhatsApp geschrieben und da stiegen die Jungs eben auch ein.

»Schätze, *Mädchenkram*! Ihr wisst schon. Das *Periodensystem*!«, sprach Hauke so halb in Rätseln, als der Zug anfuhr und aus dem Bahnhof rollte.

Joshua blickte eine Weile aus dem Fenster auf die parallel laufende Straße runter, über die eine knallrote Ape knatterte. Ein Polizeiauto mit Blaulicht folgte ihr. Überraschend sportlich bog die Ape aber in die nächstbeste Gasse hinein, das Polizeiauto fuhr weiter geradeaus und ...

... wie die Straßenszene dort unten weiterging, konnte Joshua nicht mehr verfolgen, weil der Zug nun in den ersten von etlichen Tunneln auf dem Weg nach Monterosso reinfuhr. Joshua schloss die Augen und hing seinen Gedanken und den letzten Bildern nach: Mathilda, strahlend glücklich, verdammt blauäugig, so wunderbar mitreißend und hinreißend blauäugig und auf dem Weg zum Klo ...

... mit fettem Rucksack auf dem Rücken!

Und da peilte auch er endgültig, dass Mathilda gar nicht die Absicht hatte nachzukommen. Und Zufall jetzt oder nicht: Exakt in dem Moment rauschte eine weitere Message mit einem *Ping* auf die Handys der Jungs. Und das war natürlich Mathilda, die schrieb:

Sorry, Jungs, aber ich muss weiter! Bin auf dem Weg nach Rom! Treffen mit Papst steht an!

Die Jungs schauten langsam von ihren Handys hoch, mit enttäuschten Mienen erst, aber dann smilten sie sich doch an und …

… da wurde auch dem Joshua klar: Mathilda Frey hatte allen den Kopf verdreht! Sie alle hatten sich verguckt in diese beeindruckende Power-Lady. Joshua, Hauke, Nils, Gabi … und sehr wahrscheinlich auch Tante Werner.

Und am Ende war allen klar: Mathilda Frey! *Frey* wie frei geboren. Der Name war Programm!

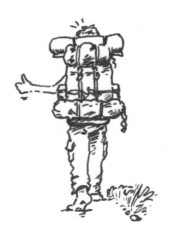

URLAUB MIT WOLF ... UND BESCHEUERTEM HERZKRAM

ALLE LIEFERBAREN TITEL, INFORMATIONEN UND SPECIALS FINDEN SIE ONLINE

www.dtv.de

EIN TURBULENTER ROADTRIP DURCH FRANKREICH

ALLE LIEFERBAREN TITEL, INFORMATIONEN UND SPECIALS
FINDEN SIE ONLINE

WAS IM LEBEN ZÄHLT.

ALLE LIEFERBAREN TITEL, INFORMATIONEN UND SPECIALS
FINDEN SIE ONLINE

Auch als **eBook**   www.dtv.de